Sönke Neitzel / Bastian Matteo Scianna

Blutige Enthaltung

Sönke Neitzel
Bastian Matteo Scianna

Blutige Enthaltung

Deutschlands Rolle im Syrienkrieg

HERDER

FREIBURG · BASEL · WIEN

MIX
Papier aus verantwortungsvollen Quellen
FSC® C014496

www.herder.de

Umschlaggestaltung: Verlag Herder
Umschlagmotiv: © Konstantinos Tsakalidis / Alamy / Mauritius Images
Karten: © Peter Palm, Berlin
Satz: ZeroSoft, Timisoara
Herstellung: GGP Media GmbH, Pößneck
Printed in Germany

ISBN Print: 978-3-451-07343-4
ISBN E-Book (E-Pub): 978-3-451-82247-6
ISBN E-Book (PDF): 978-3-451-82272-8

Inhalt

Vorwort

Die Coronapandemie hat viele internationale Krisen in den Hintergrund treten lassen. Eine Dauerkrise jährt sich im Frühjahr 2021 zum zehnten Mal: der damals hoffnungsvoll aufgenommene Arabische Frühling. Von dem demokratischen Aufbruch in der arabischen Welt ist heute wenig übriggeblieben. In den meisten Staaten, in denen die autokratischen Präsidenten aus den Palästen gejagt wurden, kamen Ableger der Muslimbruderschaft an die Macht, die – wie etwa in Ägypten – alsbald von den traditionellen Eliten wieder gestürzt wurden.

Die größte menschliche Katastrophe des Arabischen Frühlings spielte und spielt sich weiterhin in Syrien ab. Das Buch untersucht in einem ersten Schritt die Entwicklung der im Westen so hoffnungsvoll aufgenommenen Veränderungen im arabischen Raum und den Rahmen für die kommende Haltung des Westens: den Streit um die Intervention in Libyen 2011. Sodann analysiert es die Frühphase des Bürgerkrieges in Syrien bis zur Debatte um eine Intervention 2013. Hiernach blickt es auf die Flüchtlingskrise und die deutschen Krisenreaktions- und Früherkennungsmechanismen. Schließlich beleuchtet es das Eingreifen der Bundesrepublik in den Kampf gegen den „Islamischen Staat“ (IS) ab 2014. Zuletzt werden der Niedergang des IS nachgezeichnet, die westlichen Luftschläge 2017 und 2018 sowie das Ringen um die Nachkriegsordnung in Syrien geschildert.

Der Schwerpunkt dieser Darstellung liegt auf der deutschen Außen- und Sicherheitspolitik. Deutschland stand nicht zu jedem Zeitpunkt des Konflikts abseits, aber vor allem dann, wenn innerhalb der westlichen Allianz ein verstärktes Eingreifen diskutiert oder praktiziert wurde. Die Konsequenzen trug die syrische Bevölkerung, deren Leid durch die Enthaltung Deutschlands – und der westlichen Welt – nicht beendet werden konnte. Das Nichthandeln hatte auch Konsequenzen. Es war gewissermaßen eine „blutige Enthaltung“.

Eine detaillierte Nachzeichnung des Konfliktes um Syrien ist nicht das Ziel dieser Arbeit. Vielmehr ist sie ein Beitrag zu der häufig geforderten kritischen Debatte über die deutsche Außen- und Sicherheitspolitik. Uns ging es darum, fern von schablonenhaften Lösungen und inhaltsleeren Floskeln, offen über die außen- und sicherheitspolitische Verortung der Berliner Republik nachzudenken.

Dieses Buch basiert auf einer überarbeiteten Version einer unveröffentlichten Studie, die wir 2018 für die Bertelsmann-Stiftung erstellt haben. Wir danken der Stiftung für die Genehmigung, diese als Grundlage für unser Buch verwenden zu können. Vor allem möchten wir uns bei den zahlreichen Gesprächspartnern für ihre Informationen und kritischen Anmerkungen bedanken. Ein besonderer Dank gilt Peter Schuld für seine wichtige Zuarbeit.

Zudem danken wir Miriam Eisleb und Patrick Oelze für die gute Zusammenarbeit und das sorgfältige Lektorat.

Berlin, im Januar 2021

1. Einleitung

„Die Welt ist aus den Fugen geraten. Wir erleben eine Krisendichte wie seit 20 Jahren nicht mehr."[1] Der damalige Außenminister Frank-Walter Steinmeier beschwor 2014 Chaos und Unsicherheit. Diese Weltsicht wird in Deutschland häufig mantraartig vorgetragen. Wo der Wille zum Handeln fehlt, scheint eine Überhöhung der Krisen das eigene Zögern zu kaschieren.

Nach dem Fall der Berliner Mauer und dem Ende des Kalten Krieges fand sich die wirtschaftlich und politisch erstarkte Bundesrepublik plötzlich auf der Bühne der großen Politik wieder. Wie würde das Land nach den Schrecken des 20. Jahrhunderts mit der neuen Souveränität umgehen? Die gängigen Interpretationsmuster reichten von der „Zivilmacht"[2], „Vormacht wider Willen",[3] über „dienende Führungsmacht"[4] oder Großmacht[5] bis zum „reluctant hegemon",[6] der einer „Kultur der strategischen Zurückhaltung" folge.[7] Oft sagen diese Bezeichnungen mehr über die Erwartungshaltung der Autoren oder die aktuelle Tagespolitik aus als über die deutschen Außenbeziehungen. Offenkundig gibt es jedoch eine Diskrepanz zwischen der deutschen wirtschaftlichen Macht und der Bereitschaft, dieser gewachsenen politischen Verantwortung im internationalen Krisenmanagement gerecht zu werden – zumal in Fällen, in denen ein militärisches Engagement gefragt wäre. Deutschland, der schüchterne Träumer im Haifischbecken der Weltpolitik? Oder erleben wir in den letzten Jahren einen neuen außenpolitischen Pragmatismus und ein „Ende der Selbstfesselung"?[8]

Seit 2011 hat der Krieg in Syrien 400 000 bis 500 000 Menschen das Leben gekostet. Von 23 Millionen Syrern sind mehr als die Hälfte geflohen oder vertrieben worden. Ihre Aussichten auf eine Rückkehr sind schlecht und wenig attraktiv. Vor dem Hintergrund dieser humanitären Tragödie und der Aufnahme syrischer Flüchtlinge in Deutschland überrascht es, dass wissenschaftliche Publikationen zur deutschen Syrienpolitik an einer Hand abzuzählen sind. Auf dem deutschen Buchmarkt stechen zwei Publikationen hervor: Michael Lüders' *Die den Sturm ernten* zeichnet ein Bild einer omnipotenten CIA, die auch in Syrien seit langer Zeit das Projekt „Regime change" verfolgt habe. Assad sei daher vom Westen als Bösewicht und Mitglied der „Achse des Bösen" dargestellt worden, was wiederum zeige, dass der Westen an allen Problemen des Nahen Ostens schuld sei.[9] Eine Fundamentalkritik an Lüders' Interpretationen findet sich unter anderem in Kristin Helbergs *Der Syrien-Krieg*, der zweiten sichtbaren Studie auf dem deutschen Buchmarkt. Helberg konstatierte, der Westen sei keineswegs unschuldig an den Konflikten im Nahen Osten, aber sie widersprach Fantasien eines bewusst inszenierten Regimewechsels oder einer westlichen Alleinschuld an der Katastrophe. Diese Annahme stelle vielmehr die Syrer – Assad ebenso wie die Oppositionsbewegung – als passive Objekte dar. Sie hob zudem einen wichtigen Punkt hervor: „[D]er Ursprung dieses Konfliktes liegt nicht im Westen, sondern in Syrien selbst."[10]

Die bisher detaillierteste Analyse der deutschen Syrienpolitik, mit einem Schwerpunkt auch auf dem Engagement im Irak, legten Sebastian Maier und Bruno Schmidt-Feuerheerd vor.[11] Selbst Überblickswerke zur deutschen Außenpolitik der letzten Jahre behandeln Syrien eher stiefmütterlich. Die politikwissenschaftlichen Fachzeitschriften zeigen ein ähnliches Bild. In den letzten zehn Jahren erschienen in den vier führenden Fachzeitschriften insgesamt rund 1000 Artikel, doch nur eine Handvoll behandelten den Komplex des Syrienkonflikts.[12] Die führenden außenpolitischen Denkfabriken – die Stiftung Wissenschaft und Politik (SWP) und die Deutsche Gesellschaft für Außenpolitik (DGAP) – haben sich stärker mit dem Krieg in Syrien befasst; die Zeitschrift *Internationale Politik* regelmäßig und intensiv. Ebenso haben die politischen Stiftungen das Thema aufgegriffen. Doch ausführlichere Analysen der deutschen Haltung im Syrienkrieg finden sich hier ebenfalls nicht.

Der Mangel an wissenschaftlicher Aufmerksamkeit überrascht umso mehr, als sich der Syrienkonflikt als Fallstudie für eine vorausschauende Sicherheitspolitik und die deutsche Rolle in der Welt geradezu aufdrängt. Wie verhielt sich die Bundesregierung im Spannungsfeld zwischen internationalen und innenpolitischen Erwartungen?[13] Wie beeinflussten deutsche Entscheidungen und Nichtentscheidungen den Krisenverlauf? Welchen Zwängen und Logiken folgte die deutsche Außenpolitik? Ließ die Bundesregierung Handlungsspielraum ungenutzt und betrieb „politische Bekenntnisse ohne Folgen"?[14]

In außenpolitischen Entscheidungsprozessen sind viele Akteure involviert.[15] Die Medien, das Parlament[16], der Bundesminister für wirtschaftliche Zusammenarbeit und Entwicklung[17] oder der Bundesminister der Verteidigung spielen dabei ebenso eine Rolle wie gesellschaftliche Gruppen. Alle diese Akteure sind an der Formulierung deutscher Außen- und Sicherheitspolitik beteiligt. Debatten und Anträge im Bundestag dürfen in ihrer Bedeutung sicher nicht unterschätzt, aber auch nicht überschätzt werden – gerade in Fragen von Krieg und Frieden.

Die interne Entscheidungsfindung in den Ministerien und im Bundeskanzleramt bleibt bis zur Öffnung der Archive in frühestens 20 Jahren nicht genau rekonstruierbar. Die folgende Analyse beruht daher auf öffentlich verfügbarem Material, vorhandener Sekundärliteratur und zahlreichen Hintergrundgesprächen. Sie kann daher nur eine erste Annäherung an die Geschehnisse sein.

Dieser Essay stellt keine detaillierte Ausführung zur jüngsten Geschichte Syriens oder eine umfassende Analyse des Bürgerkrieges und allen lokalen, regionalen und internationalen Akteuren dar.[18] Das Ziel ist vielmehr, die deutsche Politik im Kontext des Syrienkonflikts zu untersuchen und in den Gesamtkontext der außen- und sicherheitspolitischen Krisen des Arabischen Frühlings einzuordnen. Hierbei dient der Syrienkonflikt als ein konkretes Beispiel, um die Haltung Deutschlands in internationalen Krisen kritisch zu beleuchten.

Bei einer Analyse der Außen- und Sicherheitspolitik muss nach den verschiedenen Einflussfaktoren gefragt werden, die die Formulierung dieser Politiken bedingen. Zuallererst geht es hierbei um den Einfluss der Innenpolitik auf außenpolitische Entscheidungen. Viele Autoren sehen die Außenpolitik der schwarz-gelben Regierung unter Angela Merkel in besonderem Maße innenpolitischen Zwängen unterworfen.[19] Der Politikwissenschaftler Christopher Daase hat die These vertreten, dass sich der Einfluss der Innenpolitik auf die Außenpolitik erhöht, wenn Führung und Strategiefähigkeit fehlen – was er für den Zeitraum von 2009 bis 2013 weitgehend als gegeben ansah.[20] Freilich wies er darauf hin, dass das richtige Maß an innenpolitischem Einfluss auf außenpolitische Entscheidungen in der Debatte austariert werden müsse. So mag beispielsweise der Abzug aus einem in der Bevölkerung unpopulären, kriegsähnlichen Einsatz aus bündnispolitischer Sicht verwerflich sein, sei aber im Sinne einer „demokratischen Sicherheitspolitik" angebracht.[21] Dies umso mehr, da die Kriege des Westens der vergangenen Jahre mehrheitlich als bewusste militärische Interventionen charakterisiert werden können, bei denen das Überleben der eigenen Nation nicht unmittelbar auf dem Spiel stand, also sogenannte „wars of choice" waren.[22]

Betrachtet man den Zeitraum ab 2011, so springt vorrangig die Kontinuität der Entscheidungsträger ins Auge: Angela Merkel war ununterbrochen Kanzlerin einer Koalitionsregierung, und sie musste mit wechselnden politischen Partnern versuchen, die innen- wie außenpolitischen Herausforderungen zu meistern.[23] Merkels Rolle war geprägt von der wachsenden Machtfülle des Bundeskanzleramts in traditionellen politischen Entscheidungsfeldern und einer „zunehmenden Kanzlerfixierung des Willensbildungsprozesses".[24] Frühere Regierungschefs hatten außenpolitische Kernfragen ebenfalls zur Chefsache erklärt, doch wies erst der Lissabonner Vertrag dem Kanzleramt weitreichende Zuständigkeiten in puncto Europa zu. Kein Vorhaben des Kabinetts, schon gar nicht heikle sicherheitspolitische Entscheidungen, ist ohne Zustimmung des Kanzleramts möglich. Angela Merkel kommt daher auch in der Syrienkrise eine entscheidende Rolle zu. Stefan Kornelius hat sie als pragmatische Außenpolitikerin beschrieben, wenngleich sie von drei Fixpunkten geleitet sei: der engen Bindung an die USA (NATO), an die europäischen Partner und an Israel.[25] Die „Methode Merkel" folgt dem Grundsatz „vom Ende her denken". Dieses Handlungsschema zerteilt die Probleme in verdau- und bearbeitbare Häppchen,[26] was durchaus kritisch wahrgenommen und als „präsidentielles Zaudern"[27] beschrieben wurde. Wo Außenstehende einen Strategiemangel feststellen, kann dies auch auf ein Politikverständnis hindeuten, das zum einen auf die öffentliche Meinung schielt und zum anderen komplexe Probleme nicht öffentlich diskutieren möchte.[28] Eine weitreichende, gar öffentlich verkündete Strategie würde Merkels Politikstil daher zuwiderlaufen. In allen militärischen Fragen hielt sich die Kanzlerin zurück und folgte einem „gedämpften Pragmatismus",[29] der sich nicht zuletzt in einem „starken Desinteresse" an der ungeliebten Verteidigungspolitik als potenziellem „vote loser" bemerkbar machte.[30]

Aufgrund der dominanten Rolle der Kanzlerin suchten sich die deutschen Außenminister eigene Themenfelder, in denen sie unabhängig Politik betreiben konnten. Guido Westerwelle zog nach einem starken Wahlergebnis der FDP 2009 am Werderschen Markt ein. Doch während seiner Amtszeit geriet seine Partei in eine schwere Krise, die nicht nur in den verpassten Einzug in den Bundestag bei der Wahl 2013 mündete, sondern auch Westerwelles und damit Deutschlands außenpolitischen Kurs beeinflusste. Seine mangelnde Expertise in der internationalen Politik rief außerdem Besorgnis bei den Verbündeten hervor: Zur Profilierung gedachte Reden wurden als fachlich schwach und wenig überzeugend abgetan.[31] Der langjährige Außenminister Hans-Dietrich Genscher blieb ein wichtiger Mentor, was nicht zuletzt bei der starken Fokussierung auf Friedenspolitik und Abrüstung deutlich wurde.[32] Westerwelles Forderung nach einem Abzug der amerikanischen taktischen Nuklearraketen stieß auf viel Widerstand. Allerdings schätzten die Amerikaner Westerwelle als interessierter am Nahen Osten ein[33] als Frank-Walter Steinmeier – seinen Vorgänger und Nachfolger. Der FDP-Chef unterstützte einen harten Kurs gegenüber dem Iran, war allerdings gegen eine Anhebung der Truppenstärke in Afghanistan, obschon er den Einsatz als wichtig für die deutschen Sicherheitsinteressen betrachtete. Westerwelle reiste sehr häufig in den Nahen Osten und versuchte den direkten Kontakt zu seinem russischen Amtskollegen zu halten.[34] Vor dem Ausbruch der Aufstände 2011 besuchte er Syrien und führte Gespräche mit Präsident Bashar al-Assad. Das Jahr 2011 wurde zu seinem schwersten Amtsjahr: Nicht nur ramponierte die Enthaltung in der Libyenkrise sein Image, sondern auch innerparteilich sank sein Stern. Im Mai musste er den Bundesvorsitz der FDP sowie die Vizekanzlerschaft an Philipp Rösler abtreten.

Nach der Bundestagswahl im September 2013 stieg Frank-Walter Steinmeier zum wichtigsten außenpolitischen Entscheidungsträger neben Angela Merkel auf. In seiner ersten Amtszeit als Bundesminister des Auswärtigen (2005-2009) suchte er sich Nischenthemen, in denen er eigene Akzente setzen konnte, zum Beispiel in der Energiepolitik oder in Zentralasien. Im Nahen Osten hatte er prägende Erfahrungen gemacht: Die deutsche Vermittlerrolle im Libanonkrieg 2006 verhalf Steinmeier zu mehr internationalem Gewicht, das er nutzen wollte, um Assads Syrien in eine Lösung des Nahostkonflikts einzubinden. Dadurch, so die Idee, könne man das Regime in Damaskus von seinem strategischen Partner in Teheran loseisen und somit zugleich die Rolle der Hisbollah im Libanon schwächen – was ebenso (implizit) das Ziel der UNIFIL-Mission war.[35] Diese Initiative startete Steinmeier gegen den Willen Washingtons,[36] aber mit Unterstützung der Kanzlerin. Wenngleich Steinmeiers Besuch in Damaskus im Dezember 2006 zu keinem Durchbruch führte, verbesserten sich die Beziehungen der USA und Europas mit Syrien – gipfelnd in der Friedenskonferenz von Annapolis 2008 – merklich. Die EU avancierte im Sinne dieser „constructive engagement"-Politik zum größten Handelspartner Syriens.[37]

Während seiner Zeit als Vorsitzender der SPD-Bundestagsfraktion äußerte sich Steinmeier skeptisch gegenüber der Theorie der Schutzverantwortung („Responsibility to Protect", R2P). Daher warnte er vor einer Intervention in Syrien, da er die innenpolitischen Ziele und politischen Einstellungen der Oppositionsgruppen als zu unübersichtlich einstufte.[38] Dennoch schien ihm die „schwarz-gelbe Außenpolitik zum Beispiel in der Syrienfrage ein Graus zu sein".[39] Dies betraf weniger die sicherheitspolitische Zurückhaltung und das Beharren auf politischen Lösungen, sondern die mangelnde Gestaltung einer solchen Lösung mit den Verbündeten sowie die Planungen für die Zeit nach dem Bürgerkrieg.[40] Auf die Rolle Steinmeiers – und seiner Nachfolger Sigmar Gabriel (27. Januar 2017 bis 15. März 2018) und Heiko Maas (seit 15. März 2018) – wird weiter unten noch näher eingegangen.

Die führenden Gestalter der deutschen Außenpolitik operierten nicht im luftleeren Raum. Wer die Entscheidungen in Berlin einordnen möchte, muss daher auf den zeithistorischen Kontext achten: Neben den innenpolitischen Entwicklungen war dies vor allem der Arabische Frühling, der die Gesamtarchitektur des Nahen Ostens infrage stellte.

2. Der Arabische Frühling und die Intervention in Libyen 2011

Der Arabische Frühling

Im Frühjahr 2011 kam es in einer Vielzahl von Staaten im Nahen und Mittleren Osten zu einer Welle von Protesten gegen die eigenen Regierungen. Die Ursachen hierfür waren eine jahrzehntelange wirtschaftliche Misere, politische Willkür und Korruption. Nach dem Sturz der Diktatur von Zine el-Abidine Ben Ali in Tunesien im Januar 2011 gingen die Menschen in Ägypten, Libyen, Jemen, Bahrain und Syrien auf die Straße und forderten, zunächst friedlich, weitreichende politische Veränderungen. Die Erfahrungen in diesen Ländern zeigten, dass die Protestbewegungen am erfolgreichsten waren, wenn sich eine spezielle Konstellation einstellte: Es bedurfte einer Initialzündung, um die Ängste vor den üblichen Repressionen der Regime zu überwinden, ebenso friedlicher Aktionen weiter Teile der Bevölkerung, eines engen Zusammenhalts der Bürger über konfessionelle und ethnische Grenzen hinweg und, ganz entscheidend, einer unterstützenden oder wenigstens neutralen Haltung der Streitkräfte.[1] In einigen Ländern gelang ein Machtwechsel aufgrund der Zurückhaltung des Militärs, beispielsweise in Ägypten und Tunesien, wohingegen sich die Regime in Libyen und Syrien für einen Kampf rüsteten. Die meisten Monarchien der Region konnten mit Zugeständnissen Ruhe und Ordnung wahren. Andere Herrscher vermochten sich nur durch ein Eingreifen externer Mächte an der Macht zu halten, wie das Beispiel Bahrain zeigt.

Die unterschiedlich gelagerte Dynamik in den einzelnen arabischen Staaten erschwerte es den westlichen Mächten, angemessen zu reagieren. Nach den Erfahrungen aus Afghanistan und dem Irak bestand kein großes Interesse an neuen sicherheitspolitischen Abenteuern. Zudem war der Arabische Frühling eine große strategische und politische Überraschung – sowohl in den betroffenen Staaten selbst als auch international. Weder Nachrichtendienste noch Journalisten oder wissenschaftliche Experten – niemand hatte die Ereignisse wirklich vorhergesehen, da die Stabilität der autokratischen Regime als unverrückbar galt.[2]

Die jeweiligen Aufstände und Revolutionen wurden daher von westlichen Staaten oft sehr unterschiedlich bewertet und behandelt. Dadurch setzten sich diese nicht selten dem Vorwurf einer außenpolitischen Doppelmoral aus – ein Tadel, der im Übrigen auf viele arabische Staaten ebenfalls zutraf: Die brutale Repression im Jemen führte weder zu starken Protesten des Kooperationsrats der arabischen Golfstaaten (auch Golfkooperationsrat, GCC) noch der westlichen Regierungen. Ebenso wortkarg gab man sich zu den Vorkommnissen in Bahrain.[3] Als Saudi-Arabien und andere Golfstaaten nach einem Beschluss des GCC am 14. März 2011 in Bahrain intervenierten und die friedliche Protestbewegung niederschlugen, folgten halbherzige Protestnoten der USA und der Europäer.[4] Aus strategischen und innenpolitischen Gründen fürchtete Riad die Folgen eines schiitischen Volksaufstandes, und auch die Amerikaner, deren 5. Flotte in Bahrain ankert, hätten ungern diesen strategischen Stützpunkt geräumt. Außerdem benötigten die Vereinigten Staaten die Zustimmung der Golfstaaten für die Luftschläge gegen Libyen.[5] Wirtschaftliche Beweggründe spielten eine ebenso gewichtige Rolle.[6]

Die westliche Reaktion auf den Arabischen Frühling kann dennoch nicht nur vor dem Hintergrund der traditionellen Interessen in dieser Region (Öl, Terrorismusbekämpfung, Eindämmung des Iran und Unterstützung strategischer Partner wie Israel oder Saudi-Arabien) oder der heimischen öffentlichen Meinung gesehen werden. Der Politikwissenschaftler Daniel Byman hat gezeigt, wie sehr die Entscheidungsträger in Europa und den USA an einen demokratisierenden „wind of change" in der arabischen Welt glaubten, der alle Regime, auch enge Verbündete wie den ägyptischen Präsidenten Hosni Mubarak, wegfegen würde. Die Protestbewegungen wurden häufig mit einer „westlichen Brille“ betrachtet. Die wahren innenpolitischen Entwicklungen verkannte man und vertraute allzu sehr auf die Durchsetzungskraft westlicher Werte. Dabei gab es kaum Anhaltspunkte dafür, dass diese Werte in der Mehrheit der dortigen Gesellschaften verankert gewesen wären.

Der Arabische Frühling entwickelte sich schnell und sehr dynamisch, was zu einem oft sehr unübersichtlichen Lagebild führte. Die USA und die Staaten Europas besaßen keine Strategie oder langfristigen Pläne für die Region, sondern behandelten die Krisen wie unzusammenhängende, einmalige Angelegenheiten.[7] US-Präsident Barack Obama wollte eine breite Koalition mit den arabischen Staaten schmieden, um eine allenfalls notwendige militärische Rolle der USA so klein wie möglich zu halten.[8] Auch die Bundesregierung wurde von den Ereignissen überrascht und rang zusätzlich 2011 und 2012 um eine Lösung der Europa- und Finanzkrise. Berlin reagierte zurückhaltend, zumal Deutschland im Nahen Osten als wirkliche Gestaltungsmacht eine geringe Bedeutung zukommt.

Deutschland und der Nahe Osten

Deutschlands historische Rolle im Nahen und Mittleren Osten unterscheidet sich stark von der Großbritanniens, Frankreichs und der USA. Deutschland hat keine koloniale Vergangenheit in der Region, sondern kämpfte im Ersten Weltkrieg an der Seite des Osmanischen Reichs. An den Grenzziehungen und Mandatsregelungen nach 1918 war Deutschland nicht beteiligt. Das erleichterte die Etablierung guter Beziehungen zu den sich im Konflikt mit den Mandatsmächten herausbildenden arabischen Staaten und Regimen.[9] Nach dem Zweiten Weltkrieg entwickelte sich teilweise ein Spannungsverhältnis zu den arabischen Ländern aufgrund der speziellen Bindung Deutschlands an Israel.[10] Auch die Beziehungen zu den USA und die Angst vor einer Anerkennung der DDR durch die arabischen Staaten prägten die deutsche Außenpolitik in der Region. Seit dem Ende des Kalten Krieges agierte Deutschland im Spannungsfeld zwischen historischer Verantwortung gegenüber Israel, Rücksichtnahme auf die Interessen der USA und europäischer Partner sowie der (wirtschaftlichen) Bindung an die arabischen Staaten.[11]

Obwohl der Gestaltungsspielraum, etwa im Vergleich zu den USA, begrenzt ist, trat Berlin häufig als Vermittler auf. Das Nein des damaligen Bundeskanzlers Gerhard Schröder zum Irakkrieg 2003 stärkte diese Rolle: Berlin konnte Gesprächsbereitschaft in alle Richtungen signalisieren und sich als verlässlicher Partner präsentieren.[12] Die amerikanische Intervention spaltete die Europäer und vergiftete das deutsche Verhältnis zu den USA.[13] Für die folgende Analyse ist dies von zentraler Bedeutung, denn die Oppositionsführerin musste außenpolitische Farbe bekennen. Sie stellte sich gegen den Kanzler, und „die Wochen im Herbst 2002 und im Frühjahr 2003 gehören zur außenpolitischen Prägephase Merkels".[14] In einem Gastbeitrag in der *Washington Post* empörte sie sich über „ihren" Bundeskanzler, der Europa entzweie und die ost- und mitteleuropäischen Länder ob ihrer Treue zur transatlantischen Partnerschaft kritisiere. Sie beschwor „den Albtraum deutscher Außenpolitik: wieder einmal alleine und isoliert zu stehen".[15]

Der Irakkrieg blieb nicht der einzige Konflikt im Nahen Osten. Nach dem Libanonkrieg 2006 beteiligte sich Deutschland an der Seeraumüberwachungsmission der UN vor der Küste des Landes. Zusätzlich nahm Berlin eine wichtige Mittlerrolle ein. Steinmeier streckte seine Hand – gegen Widerstände aus Washington – auch nach Damaskus aus.[16] Die deutsche Diplomatie versuchte, Syrien in eine dauerhafte Lösung des Libanonkonflikts einzubinden. Die Vereinigten Staaten warnten allerdings wiederholt vor der Rolle Syriens als Einfallstor für Dschihadisten in den Irak. Das Vertrauen der Israelis in die deutsche Politik ermöglichte diese Mittlerrolle Berlins. Die engen Beziehungen zu Israel verschlechterten sich jedoch mit dem Amtsantritt Benjamin Netanjahus im März 2009.[17] Dies war nicht zuletzt auf Dissonanzen durch die Palästinenserpolitik und die Atomverhandlungen mit dem Iran zurückzuführen, in denen die Bundesrepublik und die EU andere Positionen als Israel vertraten.

Der Arabische Frühling stellte Deutschland vor neue Probleme. Man musste einerseits mit den neuen, oft radikalen Kräften in den „armen Republiken" und andererseits mit den alten Herrschern in den „reichen Monarchien" umgehen.[18] In den politischen Diskussionen wurden die regionalen Veränderungen begrüßt und eine gemeinsame europäische Rolle gefordert, eine militärische Intervention aber strikt abgelehnt. Im Hinblick auf die Lage in Afghanistan, die sich seit 2009 zusehends verschlechterte, war eine „not again"-Stimmung bemerkbar.[19] Dies zeigte sich deutlich an der Debatte und der Entscheidung über eine mögliche Intervention in der Libyenkrise im März 2011. Sie fungierte als Lackmustest und prägte die gesamte deutsche Reaktion auf den Arabischen Frühling.

Die Intervention in Libyen (März 2011)

Die Androhungen Muammar Ghaddafis, seine Feinde wie „Ratten abzuschlachten", erregten internationale Aufmerksamkeit. Vom Beginn der Proteste Mitte Februar 2011 bis zur Resolution 1973 des Sicherheitsrats der Vereinten Nationen am 17. März 2011, welche die Errichtung einer Flugverbotszone autorisierte, herrschte diplomatischer Hochbetrieb. Der Sicherheitsrat war gespalten. Sollte und konnte man eine humanitäre Intervention gegen den Willen eines (noch) funktionierenden Staates beschließen? Erst die Unterstützung durch den GCC am 7. März, die Arabische Liga am 12. März und durch Ghaddafi angedrohte Massaker gaben den Ausschlag für eine Intervention. Dennoch herrschte im UN-Sicherheitsrat keine Einigkeit. Zehn Staaten stimmten dafür, wohingegen sich fünf enthielten: China, Russland, Brasilien, Indien und Deutschland. Berlin brüskierte damit seine Bündnispartner.[20] Die Enthaltung war, wie der Politologe Christian Hacke es treffend formuliert hat, ein Konflikt zwischen zwei Maximen: „Zivilmacht versus Bündnismacht“.[21] Merkel verwirklichte den von ihr 2003 beschworenen Albtraum. Deutschland stand nicht nur ohne Bündnispartner da, verletzte somit eine außenpolitische Grundmaxime, sondern befand sich zudem in fragwürdiger Gesellschaft unter den sich Enthaltenden. Beobachter sprachen von der größten außenpolitischen Fehlentscheidung ihrer Kanzlerschaft.[22] Berlin musste sich im Laufe der folgenden Jahre, zumindest hinter vorgehaltener Hand, wiederholt mangelnde außenpolitische Zuverlässigkeit vorwerfen lassen und wurde gar als „Nein-Nation“ bezeichnet.[23]

Ein wichtiger Faktor für die deutsche Enthaltung bei der Libyen-Resolution war die – auch innerhalb des Auswärtigen Amtes – umstrittene Haltung von Außenminister Guido Westerwelle. Der Minister verfolgte prinzipiell eine „Politik der militärischen Zurückhaltung“. Hierzu kamen schlechte Umfragewerte seiner Partei und parteiinterne Machtkämpfe – nicht die beste Ausgangsposition für die Wahl der Landesparlamente in sieben Bundesländern im Verlauf des Jahres 2011.[24] In dieser Situation lag es nahe, die außenpolitische Linie beizubehalten und sich auf die zurückhaltende strategische Kultur Deutschlands zu berufen. Außerdem gab es in der Bevölkerung keine große Unterstützung für ein deutsches militärisches Engagement, wenngleich eine Mehrheit Luftschläge anderer Nationen befürwortete.[25] Auch der damalige SPD-Fraktionschef und Oppositionsführer Steinmeier trat für eine Enthaltung ein und lobte Westerwelles Haltung als „verständlich und nachvollziehbar“.[26]

Darüber hinaus war die Bundesregierung bestrebt, obwohl sie eine Intervention nicht als grundlegend falsch ablehnte, eine Beteiligung der Bundeswehr zu vermeiden. Zu einem Kampfeinsatz und einer öffentlichen Debatte darüber war kurz vor mehreren Landtagswahlen niemand bereit. Selbst die Evakuierung deutscher Staatsbürger, die geheime Operation Pegasus, wurde nicht abgeschlossen, da nicht geklärt war, ob das Parlament diese Ad-hoc-Aktion zuvor hätte genehmigen müssen, was schließlich in einer Klage vor dem Bundesverfassungsgericht endete. Die Richter in Karlsruhe wiesen den Antrag zurück und betonten, der Einsatz hätte auch nachträglich keine Parlamentsbeteiligung erfordert. Durch „Gefahr im Verzug" habe die Regierung zeitlich begrenzt gehandelt, sei dadurch berechtigt gewesen, den Einsatz bewaffneter Kräfte vorläufig allein zu entscheiden. Eine Zustimmung des Bundestages hätte nur eingeholt werden müssen, wenn der Einsatz verlängert worden wäre.[27] Die Bundeswehr hatte im Rahmen der Operation nur eine einzige Mission mit zwei Transportflugzeugen von Kreta aus durchgeführt – die Sicherung des Luftraums übernahmen britische Kräfte. Weitere Flüge waren untersagt worden, obwohl sich noch hunderte Deutsche im Land befanden.[28]

Für Berlin wurde die Situation zusätzlich heikel, da die sich formierende Militärkoalition nur über beschränkte Ressourcen verfügte. Die USA entschieden sich erst im letzten Moment für eine Beteiligung und wollten den Europäern die Federführung überlassen. Dafür wurde Deutschland eigentlich gebraucht. Vor diesem Hintergrund wäre es für die Bundesregierung im Falle einer Zustimmung im Sicherheitsrat durchaus schwierig geworden, den eigenen Partnern gegenüber überzeugend darzulegen, warum man die eigene Luftwaffe zurückhalte – zumal diese in Afghanistan nicht mehr gebunden war und just zu diesem Zeitpunkt Bundeswehrtornados auf Sardinien zu Manövern stationiert waren. Die Enthaltung im Sicherheitsrat kann daher auch als frühe, direkte Absage an eine militärische Beteiligung gewertet werden, die bei einer Zustimmung virulent geworden wäre. Diese kurzfristigen Erwägungen haben den langfristigen außenpolitischen Interessen Deutschlands – vor allem hinsichtlich der eigenen bündnispolitischen Zuverlässigkeit – widersprochen. Der Abzug der Tornados aus Sardinien und die Debatten um deutsche Besatzungen in den Luftraumüberwachungsflugzeugen waren nur zwei Probleme, die sich durch diese Haltung ergaben. Zahlreichen Beratern und Diplomaten waren diese Zusammenhänge bewusst. Allerdings zeigen sich an dieser Stelle die Grenzen ihres Einflusses auf politische Entscheidungen, zumal diese teilweise aus sachfremden Gründen getroffen wurden.

Die Wechselwirkung von strategischer Kultur und Innenpolitik auf die Entscheidungsfindung in der Außenpolitik führte in anderen europäischen Ländern im Übrigen zu ähnlichen Ergebnissen. Finnland war traditionell ebenfalls zurückhaltend bei der Nutzung militärischer Mittel. Dennoch erwog die Regierung in Helsinki zu Beginn der Debatte ernsthaft, Streitkräfte im Rahmen der Operation „Unified Protector" (OUP) nach Libyen zu entsenden. Die kritische Haltung der Opposition und die Ablehnung in der Öffentlichkeit verringerten jedoch, ebenso wie der bevorstehende Wahltermin Mitte April, die Bereitschaft der Regierung, das Risiko eines Bruchs mit der eigenen strategischen Kultur einzugehen.[29]

Die Bundesregierung und allen voran Außenminister Westerwelle mussten im Nachgang viel Kritik für Deutschlands Enthaltung im Sicherheitsrat einstecken. Nachdem Kanzlerin Merkel sowie die FDP-Führung im Verlauf der Intervention ihre Meinung über diese geändert hatten, vollzog auch Westerwelle im August 2011 eine Kehrtwende.[30] Die deutsche Politik stand im März 2011 vor dem Dilemma zwischen dem Postulat „nie wieder Krieg" und „nie wieder allein" entscheiden zu müssen. Man schien Angst vor einem „dafür und deswegen dabei" zu haben: wer also im UN-Sicherheitsrat dafür stimme, müsse auch militärisch eingreifen. Diese Kausalität war jedoch keineswegs eindeutig – wie spätere Situationen und deutsche Entscheidungen deutlich zeigten. Zudem gelang auch anderen Staaten ein Spagat: Portugal, sicherlich kein bedeutenderer sicherheitspolitischer Akteur, stimmte im UN-Sicherheitsrat für die Resolution, aber beteiligte sich danach nicht an militärischen Aktionen. Obwohl das Land moderne F-16-Flugzeuge besaß, wurde zumindest offiziell keine Anfrage an Lissabon gerichtet. Die deutsche Haltung war daher sehr ungeschickt. Das spätere „dafür, aber nicht dabei" scheint folglich eine Lehre aus der Libyenkrise gewesen zu sein.

Dabei gab es durchaus Gründe, sich nicht auf das militärische Abenteuer einzulassen. Ghaddafis Regime war menschenverachtend, aber drohte wirklich ein Genozid an oppositionellen Gruppen? Frankreich und Großbritannien preschten aus eigenen Motiven voran, wohingegen die USA und Italien vor einem Sturz des Diktators und anschließendem Bürgerkrieg warnten. Der Schutz der Opposition wurde jedoch auch in Deutschland unter Berufung auf die „Responsibility to protect“ lautstark gefordert. Was sicherlich gut gemeint war, verkam sukzessive zu einer fehlgeschlagenen Intervention.

Der Verlauf und die Folgen der Intervention in Libyen

Die hauptsächlich von Frankreich, Großbritannien und den USA geführten Luftangriffe gegen das Ghaddafi-Regime begannen wenige Tage nach der UN-Resolution 1973 vom 17. März 2011. Ab Ende März wurden alle militärischen Aktionen unter einem gemeinsamen Kommando der NATO geführt. Dank der Luftunterstützung durch die Interventionsmächte gelang es den Rebellen, im August die Hauptstadt Tripolis einzunehmen; Ghaddafi wurde am 27. Oktober getötet. Der Militäreinsatz wurde daraufhin für beendet erklärt. Die Hoffnung, dass in Libyen Frieden einkehre, sobald das Regime beseitigt war, wurde allerdings bitter enttäuscht. Die gegenseitigen Rivalitäten der zahlreichen politischen und paramilitärischen Akteure wurden durch den Kampf gegen Ghaddafi zeitweise überlagert, traten jedoch anschließend wieder offen zutage. Der angestrebte Demokratisierungsprozess misslang, und seither kämpfen verfeindete Warlords und lokale Milizen mit einer vom Westen anerkannten, aber schwachen Zentralregierung um die Macht in einem de facto geteilten Land.[31] Aus heutiger Sicht war, wenn nicht die Intervention an sich, so doch die Art und Weise ihrer Durchführung ein fataler Fehler. Die destabilisierende Wirkung für die ganze Region war in dieser Tragweite im März 2011 noch nicht absehbar bzw. wurde unterschätzt. Anfangs wurden die Operationen in Libyen jedoch als Erfolg gefeiert. Der militärische Sieg der Rebellen über das Ghaddafi-Regime ist in der Tat erreicht worden, obgleich hierfür das UN-Mandat bis zum Äußersten gedehnt, wenn nicht gar überdehnt wurde.[32] Insofern lieferte die Intervention in Libyen, zumindest *unmittelbar* nach 2011, eher ein Argument für ein weiteres Eingreifen als ein Nichteingreifen in der Region. Erst mit dem zunehmenden Abgleiten des Landes ins Chaos änderte sich diese Bilanz.

Die Reaktionen Moskaus auf die Libyenintervention waren wichtig für den Verlauf der Syrienkrise. Russland verfolgte seit längerer Zeit erhebliche wirtschaftliche, zeitweise auch politische und militärische Interessen in Libyen. Nun fühlte sich der Kreml durch das Ergebnis der Intervention – die gewaltsame Beseitigung des Ghaddafis-Regimes – düpiert und von den westlichen Interventionsmächten arglistig getäuscht.[33] Dieser Vorwurf vermag zwar nur bedingt zu überzeugen[34], dennoch förderten die Ereignisse in Libyen sicherlich russische Vorbehalte gegenüber weiteren humanitären Interventionen im Nahen Osten. Den Zusagen der westlichen Mächte, sich militärisch zu beschränken, sei nicht zu trauen, so die Lehre, und in Moskau sah man sich nicht als Partner auf Augenhöhe anerkannt. Das amerikanische Eingreifen in Libyen wurde zudem von den Regionalmächten im Nahen Osten falsch gedeutet, die darin ein Anknüpfen an eine aktive US-Interventionspolitik sahen.

Eine weitere Folge des Libyenkrieges war regionale Instabilität, primär die Erosion staatlicher Kontrolle im Norden des benachbarten Mali.[35] Milizen, die in Libyen an der Seite Ghaddafis gekämpft hatten, kehrten in das Land zurück und überzogen es mit Terror und Gewalt. Sie widersetzten sich der Zentralregierung und errichteten eigene Strukturen. Nur das schnelle militärische Eingreifen Frankreichs, nun unter Präsident François Hollande, zugunsten der malischen Übergangsregierung im Januar 2013 (Operation „Serval“) konnte eine gewaltsame islamistische Machtübernahme verhindern. Die Franzosen blieben hiernach im Land, um ihre strategischen Interessen in der Region zu wahren und Waffenschmuggel und terroristische Aktivitäten zu unterbinden.[36] Auf die französische Forderung nach europäischer Unterstützung reagierte die Bundesregierung „ausgesprochen zögerlich“.[37] Wieder fürchtete man, eine politische Zusage würde den Wunsch nach der Entsendung deutscher Soldaten zur Folge haben. Doch mit dem Bundestagsmandat vom 28. Februar 2013 leistete Deutschland schließlich seinen Beitrag für die Unterstützungsmission AFISMA (African-led International Support Mission to Mali) auf Grundlage der Resolution 2085 des UN-Sicherheitsrats.[38] Konkret bedeutete dies die Entsendung von drei Transall-C-160-Transportmaschinen, einem A-310-MRTT-Luftbetankungsflugzeug und 330 Soldaten für primär logistische und medizinische Zwecke.[39] Auch andere Nationen entsandten Kontingente: Der Beitrag der Niederlande war mit zwei Luftbetankungsflugzeugen, vier Hercules C-130-Transportflugzeugen, vier Transporthelikoptern und einem Linienflugzeug sogar größer. Dennoch stieg die Bedeutung der deutschen Mission sukzessive, spätestens nach den Pariser Terroranschlägen im Dezember 2015, als der Bundestag eine Aufstockung des Kontingents auf 600 Soldaten mandatierte. Dies schloss auch die zeitweise Entsendung von Helikoptern zur medizinischen Evakuierung Verwundeter und vier Kampfhubschraubern zu deren Schutz ein. Wie üblich übernahm die Bundeswehr in Mali jedoch keine Kampfaufgaben und war vor allem darauf bedacht, sich selbst zu schützen.

Die Beispiele Libyen und Mali machen einige Kernelemente des deutschen Handelns deutlich: Bei außenpolitischen Entscheidungen herrscht absolute Zurückhaltung, oft mit beinahe ängstlichem Blick auf die öffentliche Meinung. Den Anforderungen der Bündnissolidarität kommt Deutschland nur mit dem absolut notwendigen Minimum nach und sperrt sich gegenüber Kampfeinsätzen. Dieses Grundmuster hatte sich bereits im Afghanistaneinsatz gezeigt. Berlin betreibt allerdings in anderer Form außenpolitischen Ablasshandel, zum Beispiel durch stärkeres Engagement bei Seeraumüberwachungsmissionen, logistischer Hilfe oder der Entwicklungszusammenarbeit. Trotz vieler Unterschiede zwischen diesen Krisen blieb die Kernfrage dabei stets dieselbe: Was tun, wenn man eigentlich nichts tun möchte? Und wie verkauft man seine Haltung am besten der eigenen Bevölkerung und den skeptischen Verbündeten? Diese Fragen stellten sich auch für das deutsche Krisenmanagement während des syrischen Bürgerkrieges.

3. Deutschland und der Beginn des Syrienkonflikts

Der Ausbruch des syrischen Bürgerkrieges 2011 bis Sommer 2013

Die anfänglichen Proteste gegen Baschar al-Assad im März 2011 verliefen relativ friedlich. Assad und seine Entourage unterschätzten zunächst die Dynamik, die die Demonstrationen entfalteten.[1] Anschließend griffen sie auf die aus dem ersten Bürgerkrieg gegen die Muslimbrüder (1975–1984) praktizierten Methoden zurück und versuchten die Proteste blutig niederzuschlagen. Die vielen Krisen begünstigten zunächst das Regime in Damaskus. Angesichts der instabilen Lage in Ägypten, Bahrain und Tunesien sowie des andauernden Einsatzes in Libyen (die Operation „Unified Protector" dauerte offiziell bis Ende Oktober) hatten viele westliche Staaten schlicht nicht die Kapazitäten, um sich auch der Krise in Syrien anzunehmen.[2] Zudem hatte (und hat) Syrien in westlicher Sicht eine geringere geostrategische Bedeutung als Ägypten oder Saudi-Arabien. Syrien besitzt nicht in gleichem Maße Rohstoffvorkommen, liegt nicht an wichtigen maritimen Handelsrouten und verfügt über weniger politisches Gewicht. Der Stellenwert als iranischer Partner, „Landbrücke" in den Libanon und strategischer, wenngleich über Jahre stabiler und eher inaktiver Gegner Israels sollte nicht überbewertet werden.

Die westlichen Regierungen schätzten nicht nur das Regime in Damaskus falsch ein, sondern auch die Proteste.[3] Es war keineswegs offensichtlich, dass die Demonstranten eine Mehrheitsmeinung abbildeten und für „die Bevölkerung" sprachen, die ethnisch und konfessionell weitgehend zersplittert war und ist. Das Feindbild Assad einte sicherlich, doch es dominierte bei weitem nicht bei allen Gruppen das Ziel, eine Demokratie westlichen Maßstabs auf friedlichem Wege zu etablieren. Deutsche Diplomaten vor Ort hielten sich mit Sympathiebekundungen zurück und knüpften im Stillen Kontakte zu Oppositionellen, die teilweise seit Jahren bestanden hatten.[4] Einen anderen Weg beschritten Amerikaner, Briten, Franzosen und Dänen, deren Botschafter vor Ort sich eng abstimmten und aktiv auf die Seite der Demonstranten stellten, obschon sie anfangs die Kontakte zum Regime nicht abreißen ließen.[5] Der amerikanische und der französische Botschafter besuchten am 8. Juli 2011 Hama, wo bis dahin die größten Proteste stattgefunden hatten. Die Stadt war ein symbolischer Ort. Hafez al-Assad hatte hier 1982 die Proteste der Muslimbruderschaft blutig niederschlagen lassen und damit das Ende des ersten Bürgerkriegs (1975–1984) eingeleitet. Die Sympathiebekundungen des Westens verringerten zwangsläufig den diplomatischen Spielraum. Sie machten es den Machthabern einfach, die Proteste als „vom Westen initiiert" zu stilisieren und zu delegitimieren. Das Regime kritisierte die offene Einflussnahme, und es kam zu Übergriffen auf die amerikanischen und französischen Botschaftsgebäude.[6] Frankreich war als ehemalige Kolonialmacht ohnehin nicht wirklich beliebt, und die USA hatten eine komplexe Beziehung zu Syrien – und dem Nahen Osten generell.[7] Insofern war die deutsche Haltung, dass zumindest vor Ort befindliche Diplomaten die Demonstranten nicht offen unterstützten, ein sinnvolles Vorgehen.

Präsident Obama stand vor keiner einfachen Entscheidung. Innenpolitisch brodelte es, und der Arabische Frühling entwickelte sich zum Flächenbrand. Er fürchtete im Falle Syriens, dass Assad rasch stürzen könnte und er sich ohne deutliche Kritik am Regime auf der „falschen Seite der Geschichte" wiederfände. Eine ähnliche Stimmung herrschte auch in Deutschland vor, zumal allen westlichen Staaten die strategische Überraschung des Arabischen Frühlings in den Gliedern steckte. Das Zögern zu Beginn der Umwälzungen wurde nun durch taktische Kniffe – frühe diplomatische Anerkennung neuer demokratischer Bewegungen – abgelöst. Insgeheim war die Hoffnung weit verbreitet, dass Assad bald abgesetzt würde oder eine politische Lösung ohne eine direkte militärische Niederlage des Regimes möglich sei.[8]

Großbritannien, Frankreich und Deutschland zimmerten federführend an der Formulierung einer europäischen Position. Gemeinsam mit Portugal brachten sie einen Resolutionsentwurf in den UN-Sicherheitsrat ein, der wenig überraschend an den Gegenstimmen Russlands, Chinas und des Libanon scheiterte.[9] Dennoch beschloss die EU am 10. Mai Sanktionen. Diese umschlossen Waffen, Öl, Finanzsperren und Reiseverbote für Einzelpersonen und befeuerten die Finanznöte des Regimes. Die Bundesrepublik spielte hierbei eine wichtige Rolle, doch Großbritannien war der wichtigste Treiber dieses Prozesses. Dies hatte zwei Gründe: Zum einen glaubte London daran, Assad dadurch zum Umdenken zwingen zu können (in Berlin befürchtete man eher, das Regime werde die Reihen schließen), und zum anderen beauftragten die Briten schlicht mehr Diplomaten mit der Umsetzung des Sanktionsregimes als das Auswärtige Amt.[10] Sanktionen konnten jedoch die Gewalt nicht aufhalten, zumal Assad immer mehr auf eine gewaltsame Lösung setzte und gezielt religiöse Spannungen schürte.

Am 18. August 2011 forderte Präsident Obama den Rücktritt Assads. Dieser Forderung schlossen sich Deutschland, Frankreich und Großbritannien in einem gemeinsamen Kommuniqué an – kurz danach folgte die gesamte EU. Außenminister Westerwelle hatte bereits Anfang August zum Leidwesen seiner Diplomaten erklärt, Assad habe als Staatschef keine Zukunft.[11] Obama vertraute nicht blauäugig auf eine freiwillige Abdankung Assads, aber er wiederholte die Rücktrittsforderung, die er schon bei Mubarak und Gaddafi gestellt hatte. Das Weiße Haus wollte „eine moralische Haltung einnehmen und die politische Botschaft aussenden, dass Assad in den Augen der freien Welt keine Zukunft mehr hatte“.[12] Ben Rhodes, einer der engsten außenpolitischen Berater Obamas, vermittelte den Eindruck, als habe die vorherige Fehleinschätzung in Bezug auf Ägypten – Mubarak sitze fest im Sattel[13] – sich nun in das Gegenteil verkehrt: Alle Analysten rechneten jetzt mit einer schnellen Niederlage Assads.[14] So entwickelten Obama und andere Regierungschefs keine Pläne, was passieren sollte, wenn dieser nicht freiwillig gehen würde.[15] Die meisten Staaten erwarteten (oder erhofften) einen raschen Kollaps des Regimes, obwohl diese Einschätzung oft auf spärlichen nachrichtendienstlichen Informationen beruhte und die verbliebenen Botschafter vor Ort vor solchen voreiligen Schlüssen warnten.[16] Sie wussten, dass neben der engen Bindung der alawitischen Minderheit an Assad,[17] von den vier Pfeilern des Regimes – der Partei, der Armee, den Geheimdiensten und der Geschäftselite – zwar die ersten beiden geschwächt wurden, aber dennoch alle intakt waren.[18] Daher bestand auch die seit Jahrzehnten etablierte Verschmelzung zwischen Regime und staatlichen Institutionen fort.

Die frühe Festlegung auf eine Maximalposition – der Machtverzicht Assads – raubte diplomatischen Spielraum und ging von der falschen Prämisse aus, dass das Regime in Damaskus einer Kompromisslösung zustimmen könnte. Doch Assad war weder willens aus einer Position der Stärke noch aus einer der Schwäche zu verhandeln. Kristin Helberg sprach von der europäischen Syrienpolitik generell als „Wunschdenken". Sie sei durch den Verzicht auf die militärische Drohkulisse geschwächt worden, und ihre Appelle für politische Lösungen seien illusorisch gewesen.[19] Auch Nikolaos van Dam hat die westliche Position als symbolische Empörungspolitik bezeichnet, die sich mehr am moralischen Kompass der eigenen Bevölkerung als den Realitäten in Syrien orientiere.[20] Zudem schürten die Ankündigungen, die ohne Handlungen oder eine Strategie blieben, Hoffnungen innerhalb der Opposition und deren regionalen Verbündeten: Die Intervention in Libyen wurde fälschlicherweise als Rückkehr der USA als Regionalmacht gedeutet, die ihre Interessen auch militärisch durchsetzen würde.[21] Dem „Assad must go" von Obama schloss sich jedoch nie eine konkrete, zielgerichtete Politik an. Berlin verfolgte eine ähnliche Symbolpolitik.

Der Abzug der deutschen Diplomaten geschah nicht nur aufgrund der sich verschlechternden Sicherheitslage, sondern war auch eine politische Entscheidung, um ein Zeichen zu setzen. Allerdings hätte es dafür gewiss ausgereicht, lediglich den Botschafter abzuziehen. Die Schließung der gesamten deutschen Vertretung im Januar 2012 verringerte die Möglichkeit, eigene, unabhängige Informationen zu sammeln und politischen Einfluss zu nehmen.[22] Wie sollte man mit der Opposition oder Vertretern der Regierung sprechen, wenn man selbst gar keine Vertreter im Land hatte? Symbolisch war dies sicher ein richtiges Zeichen und innenpolitisch sinnvoll, aber der Logik der Konfliktlösung und dem eigenen Ziel einer Einflussnahme auf die politischen Prozesse (sowie der Informationsgewinnung) war es nicht dienlich.[23] Der Abzug der Diplomaten folgte, wie die Entscheidung Assads Rücktritt zu fordern, anderen Logiken. Nachdem Versuche im UN-Sicherheitsrat an der absehbaren russischen (und chinesischen) Blockadehaltung gescheitert und wiederholte Forderungen an das Assad-Regime verpufft waren, wurde der innenpolitische Druck in den westlichen Staaten immer größer. Bis Mitte Juli 2011 waren 1900 Demonstranten (und bis Ende August rund 500 Kräfte des Regimes) getötet worden.[24] Die Passivität der westlichen Regierungen wurde zunehmend öffentlich kritisiert. In den sozialen Medien kursierten zahlreiche Videos der gewaltsamen Niederschlagung von Protesten, die für Empörung sorgten und den Handlungsdruck auf die jeweiligen Regierungschefs erhöhten. Zeitgleich wandelten sich die Proteste immer mehr zu einem bewaffneten Aufstand mit sehr unterschiedlichen regionalen Ausprägungen und Zielsetzungen. Die sehr junge Gesellschaftsstruktur sorgte für ein Reservoir an Kämpfern, auch wenn viele Männer flohen oder sich versteckten, um dem ungeliebten Militärdienst zu entgehen oder sich lieber einer lokalen Miliz anzuschließen.

Die Erklärungen Obamas und der Europäer bekräftigten die syrische Opposition in dem Glauben, der Westen würde militärisch eingreifen, um das definierte Ziel des „regime change“ zu erreichen, und auch regionale Anti-Assad-Mächte (Saudi-Arabien, Katar und die Türkei) glaubten an ein stärkeres Engagement und erhöhten daher im August 2011 ihre eigenen Bemühungen in Syrien – eine Dynamik, welche die Eskalation der Proteste hin zu einem Bürgerkrieg beschleunigte.[25] Die wiederholten Aufrufe westlicher Diplomaten, dass die Proteste friedlich bleiben sollten und man nicht mit einer Intervention von außen rechnen solle, stießen häufig auf taube Ohren.[26]

Das Eingreifen der anderen

Der syrische Bürgerkrieg wurde rasch zu einem regionalen Stellvertreterkrieg, in dem sich bereits in einer frühen Schlüsselphase im Juli und August 2011 die künftigen Konfliktlinien abzeichneten.[27] Die Gewalteskalation Anfang August, zu Beginn des Ramadans, veränderte auch das Verhalten der Anrainerstaaten. Nachdem mehrere arabische Staaten, Iran und die Türkei zunächst politische Vermittlungsversuche unternommen hatten, begannen sie in der zweiten Jahreshälfte diverse Gruppen mit Geld, Waffen und anderen Hilfsmitteln direkt zu unterstützen.[28]

Ägypten, die traditionelle Führungsmacht in der arabischen Welt, war nach der Revolution innenpolitisch zu sehr geschwächt, um eine gestaltende Rolle einzunehmen; ebenso der marode Irak nach Jahren des Bürgerkrieges. Einer der Hauptinteressengegensätze bestand zwischen Saudi-Arabien und Iran, die beide politisch, wirtschaftlich und militärisch in den Konflikt eingriffen – nicht zuletzt, um sich gegenseitig zu bekämpfen.[29] Geeint waren sie hingegen in ihrer Ablehnung des Arabischen Frühlings. In Riad sah man eine, wenngleich wenig realistische Chance, in einer Art „Konterrevolution“ die eigene Machtposition in der Region auszubauen.[30] Die Saudis hatten die Umstürze in Tunesien und Ägypten mit Schrecken betrachtet. Dass die USA Hosni Mubarak fallen ließen und mit der Opposition sympathisierten, aber zeitgleich Assad als engsten Partner Irans nicht hartnäckiger bekämpften, löste in Riad Kopfschütteln aus.[31]

In Teheran trieb die Regierung die Angst vor der Wiederholung der „Grünen Revolution“ 2009 um[32], als hunderttausende Iraner gegen die eigene Regierung protestiert hatten. Zudem bestand seit den frühen 1980er Jahren eine enge Verbindung zu den Machthabern in Damaskus.[33] Das Eingreifen Irans kann daher für informierte Kreise in Berlin oder anderen westlichen Hauptstädten keine Überraschung gewesen sein, zumal seit Juli 2011 offensichtlich war, dass Teheran Assad nicht nur propagandistisch und als Ratgeber zur Seite stand, sondern zunehmend Waffen und Material nach Syrien flog.[34] Die Zurückhaltung des Westens gegenüber der Politik Irans muss allerdings vor dem Hintergrund der Atomverhandlungen gesehen werden. Vor allem Obama konnte (und wollte) den Gesprächsfaden 2012, kurz vor den Präsidentschaftswahlen, nicht abreißen lassen. Die radikalislamische Hisbollah, der verlängerte Arm Irans im Libanon, schickte auch eigene Soldaten: die schiitische Miliz hatte seit 2012 im Schnitt zwischen fünf- und achttausend Kämpfer im Nachbarland. Durch ständiges Rotieren sammelte die Hisbollah nicht nur wichtige Kampferfahrung (sogar im Verbund mit regulären Land- und Luftstreitkräften), sondern leistete eine entscheidende Unterstützung für Assad.[35]

Russland hielt dem syrischen Regime ebenfalls die Treue. Der Kreml folgte dabei auch der traditionellen Logik von Großmächten: Um überhaupt als solche wahrgenommen zu werden, „musste“ Moskau nach dem Debakel in Libyen in den Konflikt eingreifen.[36] Die Beziehungen zu Assad hatten sich in den 2000er Jahren sukzessive verbessert, nicht zuletzt, da Syrien im Zuge des Irakkrieges wiederholt zur Zielscheibe von Kritik aus Washington geworden war und die Europäer vehement den Abzug syrischer Truppen aus dem Libanon gefordert hatten. Die dadurch bedingte Annäherung an Russland führte zu einem Schuldenschnitt für offene Rechnungen aus alten Waffenkäufen bei gleichzeitiger Abnahme neuer Rüstungsgüter (Boden-Luft-Abwehrsysteme).[37] Unverändert bestehende strategische Interessen am Erhalt des Marinestützpunkts in Tartus[38] sowie der Wunsch nach Einfluss im Libanon und im Nahost-Friedensprozess bewogen Moskau zu einer engeren Zusammenarbeit mit Damaskus.[39] Das Eingreifen Russlands in Syrien war folglich weniger überraschend als die Eroberung der Krim und kann als südliches „out-flanking" (Umgehen der Flanke) der NATO betrachtet werden. Darüber hinaus statuierte Russland ein Exempel, dass es in der Lage war, im Nahen Osten als Ordnungsmacht aufzutreten. Den Kreml bewogen also geopolitische, innenpolitische und wirtschaftliche Interessen zum Eingreifen.[40]

Der nördliche Nachbar Syriens, die Türkei, profilierte sich als Unterstützter der Bevölkerung, wie schon zuvor bei anderen Protesten des Arabischen Frühlings.[41] Je mehr sich Erdogan zum Beschützer und Vorbild der Sunniten stilisierte und somit aktiv die Opposition gegen Assad stärkte, desto umfangreicher unterstützte Damaskus die Unabhängigkeitsbestrebungen der Kurden. Diese machten in Syrien rund zwölf Prozent der Bevölkerung aus und waren jahrzehntelang unterdrückt worden. Assad paktierte erneut inoffiziell mit der kurdischen Partei der Demokratischen Union (PYD), die enge Kontakte zur Arbeiterpartei Kurdistans (PKK) in der Türkei pflegte. Dies führte zu Grenzzwischenfällen, Bombenanschlägen und dem Abschuss eines türkischen Militärflugzeuges am 22. Juni 2012. Die Türkei intensivierte im Gegenzug ihre Unterstützung der Opposition, allen voran nördlicher Gruppen der Freien Syrischen Armee (FSA),[42] die im Juli 2011 von einem desertierten Oberst der syrischen Luftwaffe gegründet worden war. Daher muss man die türkische Haltung stets vor dem Hintergrund der traditionellen Interessen in Syrien wie auch innenpolitischer Kontroversen (Gülen-Bewegung und Verhandlungen mit der kurdischen Opposition) sehen.

Assad war kein Freund Israels, aber wie sein Vater ein berechenbarer Akteur für das Nachbarland. Dies hatte sich daher lange einer relativ passiven Haltung verschrieben: Im Interesse von Stabilität an seiner Nordgrenze beschränkte man sich auf gezielte Luftschläge, um die Lieferung von Waffen in den Libanon – und damit an die mit dem Iran verbündete Hisbollah – zu unterbinden. Während sich die meisten Golfstaaten mit direkter Hilfe zurückhielten und hierbei von einer gewissen Angst vor den radikalislamischen Gruppen geleitet waren, unterstützte allen voran Katar sunnitische Rebellen und islamistische Gruppierungen. Wie schon in Libyen setzte das Emirat seine auf direkte oder indirekte Intervention ausgerichtete Außenpolitik fort. Der turnusmäßige Vorsitz in der Arabischen Liga und die große mediale Macht durch Al-Jazeera begünstigten diese Rolle, die letztlich vermehrt zu Problemen mit anderen Staaten der Region führte.[43] Die Hilfe externer Mächte fand jedoch bis zur russischen Intervention nie in einem Maße statt, das es einer Seite erlaubt hätte, den militärischen Konflikt zu entscheiden. Prinzipiell hatten die Unterstützer Assads ihre Ziele jedoch deutlicher umrissen und waren fest entschlossen, diese zu erreichen. Die Gegner Assads hatten hingegen „weder einen Plan noch die Bereitschaft […], eine syrische Alternative zum Regime aufzubauen, und (engagierten) sich deshalb nur punktuell und widersprüchlich für eigene Interessen".[44]

Im Zuge dieser Entwicklungen musste das Regime Assads weite Teile des Landes räumen und konzentrierte sich auf den Osten mit der wichtigen Nord-Süd-Achse von Aleppo über Homs nach Damaskus. Dadurch entstanden verschiedene Lebenswelten für die Bevölkerung, die entweder in umkämpften, aber „befreiten" Gebieten oder im Wirkungsbereich Assads lebte.[45] Zusätzlich offenbarten sich zwei Machtvakua: Der Osten des Landes wurde zum Niemandsland und späteren Kerngebiet des Islamischen Staates, und im Norden, an der türkischen Grenze gestand man den Kurden unter der Partei der Demokratischen Union (PYD) weitgehende Autonomie zu. Diese kämpfte nicht gegen Assad, sondern verfolgte grenzüberschreitend gesamtkurdische Interessen. „Die PYD hielt die Kurden folglich aus dem innersyrischen Machtkampf heraus – um sie stattdessen ins Zentrum des internationalen Konfliktes um Syrien zu rücken. Denn mit den USA als militärischem Verbündeten, Russland als politischem Partner, der Türkei als Erzfeind und den unentschlossenen Europäern mal mehr, mal weniger an ihrer

Seite stellt die PYD das Interessengeflecht rund um Syrien vor eine Zerreißprobe."[46]

Wie bereits im Fall des Libanon in den 1970er und 1980er Jahren, transformierten die Interventionen der Regionalmächte den Konflikt zu einem langjährigen Bürgerkrieg. Die externen Mächte stellten immer neue Ressourcen für eine Fortführung der militärischen Auseinandersetzung bereit, und die sehr junge syrische Gesellschaft bot ein breites Reservoir an potenziellen Kämpfern. Der Konflikt ließ sich daher beliebig verlängern. Ein Phänomen, das sich in vielen anderen Bürgerkriegen ähnlich beobachten ließ.[47]

Betrachtet man die Vielzahl der intervenierenden Staaten, wird deutlich, dass keineswegs der Westen allein Syrien ins Chaos stürzte. Der geografische Rundumblick zeigt vielmehr, wie stark der Syrienkonflikt von divergierenden Interessen und komplexen Entwicklungen der Region überlagert wurde. Dies stellte auch die deutsche Außenpolitik vor große Herausforderungen.

Die Versuche der Vereinten Nationen

Im Zuge der sich entwickelnden Gewaltspirale wurden Möglichkeiten einer internationalen Friedensmission erörtert. Zunächst vermittelte die Arabische Liga und entsandte eine unbewaffnete Beobachtermission, die jedoch binnen kurzem der eskalierenden Gewalt weichen musste.[48] Generalsekretär Nabil Elaraby schlug daher im Februar 2012 seinem Amtskollegen bei den Vereinten Nationen, Ban Ki-moon, eine gemeinsame Beobachtermission vor. Als Ban die Mitglieder des Sicherheitsrates von dem Vorschlag in Kenntnis setzte, reagierten diese „zurückhaltend" – zeitgleich erklärte Außenminister Westerwelle in Berlin den Vorschlag für „sinnvoll".[49] Wenige Tage später schloss die schwarz-gelbe Regierung jedoch die Beteiligung an einer möglichen UN-Friedensmission aus.[50] In New York schien die Bundesregierung also eine andere Position als zu Hause in Berlin zu vertreten. Die Idee wurde durch den Sondergesandten der Arabischen Liga und der UN für Syrien, Kofi Annan, erneut aufgegriffen, nachdem seine Initiativen neue Hoffnungen auf eine friedliche Lösung des Konflikts geweckt hatten.[51] Ab dem 12. April 2012 herrschte eine (brüchige) Waffenruhe, der die Umsetzung von Annans Sechs-Punkte-Plan folgen sollte. Teil des Annan-Plans waren unbewaffnete Beobachter. Peter Wittig, Ständiger Vertreter der Bundesrepublik Deutschland bei den Vereinten Nationen, unterstützte die UN-Sicherheitsratsresolution 2042 vom 14. April 2012 im Namen der Bundesregierung. Westerwelle pries den Annan-Plan als „beste Grundlage für eine politische Lösung" und forderte eine neue Übergangsregierung für Syrien. Eine etwaige militärische Beteiligung Deutschlands zum Sturz des alten Regimes schloss er erneut aus.[52]

Die United Nations Supervision Mission in Syria (UNSMIS) begann ihre Arbeit am 21. April 2012. Sie musste im Juni wegen mehrfacher Angriffe ihre Aktivitäten verringern und wurde im August endgültig für beendet erklärt. Obwohl das Mandat bis zu 300 Beobachter vorsah, waren bis Mitte Mai lediglich 190 im Land. In Berlin hieß es zur gleichen Zeit, dass das Bundeskabinett die Entsendung von bis zu zehn Beobachtern „beschlossen haben soll", man aber zunächst lediglich einen Stabsoffizier entsenden werde.[53] Außenminister Westerwelle begründete diese Entscheidung damit, dass man „nicht abseitsstehen"[54] wolle. Er revidierte somit seine frühere Position, nur materielle und logistische Hilfe zu leisten, wenn auch nur sehr geringfügig.[55] Im Gegensatz zu Militärbeobachtern aus Katar, Saudi-Arabien oder Frankreich bestanden in Damaskus keine Vorbehalte gegenüber deutschen Beobachtern, was der Bundesregierung diplomatischen Spielraum verschafft haben könnte.[56] Das frühzeitige Ende der Mission verhinderte jedoch die Entsendung des Stabsoffiziers. Ist es nur den Umständen der verfrühten Beendigung der UN-Mission geschuldet, dass Berlin nicht mehr Verantwortung in dieser gefährlichen Mission übernahm?

Die Entsendung unbewaffneter Beobachter hatte von Beginn an geringe Erfolgsaussichten und wurde, wie Annans Pläne generell, als realitätsfern abgetan. Viele Beobachtermissionen haben eine lange Lebensdauer, können die Ursachen der Konflikte aber oft nicht lösen, sondern qua Mandat nur dabei helfen, eine Grundlage für politische Gespräche zu schaffen.[57] Diese Grundlage fehlte in Syrien.

Andere europäische Partner handelten schneller und entschlossener als Deutschland: Dänemark, Frankreich, Finnland, Irland, Kroatien, die Niederlande, Norwegen, Rumänien, die Schweiz und die Tschechische Republik entsandten ihre Soldaten trotz der angespannten Sicherheitslage. Italien beschloss, 17 Beobachter zu entsenden, von denen fünf bereits im Mai in Syrien eintrafen (teilweise aus dem italienischen Blauhelmkontingent im Libanon).[58] Zudem transportierte die italienische Luftwaffe vom 15. bis 17. April knapp ein Dutzend gepanzerte Fahrzeuge für die Beobachter nach Beirut, und von einem UN-Depot in Brindisi flogen die Italiener Hilfsgüter nach Damaskus, wofür die Bundesregierung 400 000 US-Dollar bereitstellte.[59] Deutschland beteiligte sich an der materiellen und logistischen Hilfe, zögerte aber bei einer direkten Beteiligung, wie zum Beispiel der Entsendung von Beobachtern oder der aktiven logistischen Unterstützung. Die – im europäischen Vergleich – sehr geringe deutsche Mitwirkung an UNSMIS liegt daher nicht allein in der Kurzlebigkeit der Mission begründet.

In vielen Konflikten wird schnell der Ruf nach einer internationalen Lösung unter Beteiligung der UN laut. Auch die Bundesregierung hatte diese Option im Zuge ihres Drängens auf eine politische Lösung mehrmals eingebracht. Ursula von der Leyen griff die Idee (für die Zeit nach dem Bürgerkrieg) im August 2017 erneut auf.[60] Die Forschungsdebatten zur Rolle, zu Erfolgen und Grenzen von Blauhelmmissionen sind sehr umfangreich, und es gibt viele unterschiedliche, oft widersprüchliche Interpretationen. Seit Gründung der Vereinten Nationen entwickelten sich die Missionen von einer eher passiven Rolle hin zu aktiven „peace enforcing"-Aufträgen mit Mandaten unter Kapitel VII der UN-Charta.[61]

Doch selbst bei diesen teils „robusten" Mandaten sind die Erfolgschancen von vielen Faktoren abhängig. So ergab eine Untersuchung von 17 Missionen zwischen 1945 und 1998:

> [M]ission success is tied to UN commitment, absence of external support for the belligerents, successful diplomatic efforts, and a low degree of mutual antagonism. Contrary to expectations, the involvement of great powers or regional organizations, the presence of military stalemate, and the absence of an ethnic component did not appear to be correlated to success. Specific characteristics of missions such as duration and size did not appear to have an effect.[62]

Von den genannten vier Hauptfaktoren war im Falle von UNSMIS keiner gegeben: Weder stand die UN geschlossen hinter der Mission, noch konnte man Parteinahme von außen unterbinden, erfolgreiche diplomatische Initiativen verzeichnen oder die Intensität des Konflikts einhegen. Des Weiteren war UNSMIS eine unbewaffnete Beobachtermission. Ihr Leiter, Robert Mood, bemängelte das schwache Mandat, die restriktiven „rules of engagement" seiner Kräfte und die prekäre Lage, welche, wie die politischen Interessen vor Ort, von den ambitionierten Zielen des Sechs-Punkte-Planes stark abwichen.[63] Der norwegische General kritisierte implizite Interventionsandrohungen und demonstrative Entrüstung westlicher Regierungschefs über das Assad-Regime, da dies diplomatischen Spielraum verringere, eine „gesichtswahrende" Abdankung in weite Ferne rücken lasse und Assads Festhalten an der Macht verstärke. Das Kernproblem der westlichen Staaten sei, dass innenpolitische Zwänge den außenpolitischen Spielraum einengten, aber gleichzeitig die Konfliktdynamik beeinflussten. Denn Gruppen, die Hilfe von außen annahmen, konnten leicht als „Agenten des Westens" diffamiert werden.

Die kurzlebige Episode UNSMIS verdeutlicht, dass Assads Verbündete sich stärker und direkter in dem Konflikt engagierten als die Staaten, die sich für ein Ende des Regimes aussprachen. Dem Westen mangelte es an politischem Willen, selbst unterhalb der Ebene einer militärischen Intervention Einfluss auf die Entwicklungen in Syrien zu nehmen. Die Erwartung, Assad werde bald stürzen, beschränkte nicht nur den Handlungswillen, sondern auch die realistische Lösungsorientierung der ersten diplomatischen Verhandlungen in Genf.[64]

Deutschland war dabei ein Vorreiter der moralischen Entrüstung und des Einforderns von Einsätzen, die andere ausführen sollten. Westerwelle wiederholte gebetsmühlenartig, dass eine politische Lösung immer noch möglich sei[65] und man „alles" unternehmen müsse, um den Krieg zu beenden und einen regionalen Flächenbrand zu verhindern.[66] Das deutsche „Alles" stellte sich jedoch als sehr wenig heraus. Westerwelles Werben für eine „jemenitische Lösung", also die straffreie Abdankung Assads und die Einsetzung eines Interimspräsidenten, fand wenig Zustimmung.[67] Dies war kaum verwunderlich, weil das Modell den russischen und iranischen Interessen diametral entgegenlief. „Nehmt ihr ihn doch", soll der russische Außenminister Sergei Lawrow deutschen Vorschlägen eines russischen Exils für Assad entgegnet haben, was die *Süddeutsche Zeitung* als „Demütigung" Westerwelles bewertete.[68] Man sollte sich vor Augen führen, dass Assad zu diesem Zeitpunkt immer noch alle vierzehn Provinzhauptstädte unter seiner Kontrolle hatte.

In Berlin war wenig realer Gestaltungswillen erkennbar. Ein Resümee der Bundesregierung im August 2012 fiel dennoch überraschend positiv aus:

> Gemeinsam mit ihren Partnern in der Europäischen Union und in den Vereinten Nationen setzt sich die Bundesregierung dafür ein, das Blutvergießen zu beenden. Die bisherigen, vielfältigen Bemühungen waren bisher nicht erfolgreich – auch wegen der Uneinigkeit im UN-Sicherheitsrat. […] Trotz aller Rückschläge muss die internationale Politik weiterhin auf eine friedliche Lösung drängen. Die Bundesregierung wird sich im Sicherheitsrat weiter für Geschlossenheit, für einen politischen Prozess einsetzen. Gleichzeitig

leistet sie angesichts der Flüchtlingsströme verstärkt humanitäre Hilfe. Nicht zuletzt sind der Wiederaufbau und die Zeit nach dem Assad-Regime vorzubereiten.[69]

Was hatte Deutschland außer den gescheiterten UN-Initiativen, Sanktionen und wiederholten Erklärungen konkret unternommen? Was waren die „vielfältigen Bemühungen"? War die Uneinigkeit im Sicherheitsrat nach der Libyen-Resolution und aufgrund der unterschiedlichen Interessenlagen der beteiligten Mächte nicht absehbar? Hätte man sich nicht stärker engagieren können? Waren die (Nicht-)Entsendung von Militärbeobachtern, Sanktionen und die Ausweisung einer Handvoll Diplomaten genug? Was unternahm die Bundesregierung im Frühjahr und Sommer 2012, als regionale und internationale Mächte den Syrienkonflikt durch Waffenlieferungen anheizten und diplomatische Lösungen konterkarierten? Im September 2012 veröffentlichte die Bundesregierung ein neues Strategiepapier zu internationalen Konflikten.[70] Kam die Bundesregierung diesen selbst postulierten Zielen nahe?

Die deutsche Haltung 2012

Im Mai 2012 wies Deutschland, in Abstimmung mit den USA und europäischen Verbündeten, aus Protest gegen das Massaker in Hula, das mehr als 100 Todesopfer gefordert hatte, den syrischen Botschafter aus.[71] Außenminister Westerwelle rief dabei Assad erneut zum Amtsverzicht auf, zumal der vermeintlich bevorstehende Fall von Aleppo einen Wendepunkt zu signalisieren schien.[72] Im Dezember wurden weitere syrische Diplomaten ausgewiesen. Zu diesem Zeitpunkt hatte der Bürgerkrieg bereits mehr als 40 000 Todesopfer gefordert. Dieses „klare Zeichen" (Westerwelle)[73] muss auch vor dem Hintergrund der Lageeinschätzung des Bundesnachrichtendienstes (BND) gesehen werden, die Westerwelle an einen baldigen Sturz Assads und eine „politische Übergangslösung" glauben ließ.[74] Doch während Frankreich und Spanien im November 2011 die „Nationale Koalition“ syrischer Oppositionsgruppen als legitime syrische Vertretung anerkannten, folgte man in Berlin diesem Schritt nicht.[75] War das Vertrauen in die Siegesmeldungen der syrischen Aktivisten doch nicht so groß? Rächte sich nun, dass man die Botschaft in Damaskus zu früh geschlossen hatte und man kein genaues Lagebild mehr hatte?[76]

Der BND war indes optimistisch und verkündete im August 2012 den Beginn der „Endphase“ des Regimes, da die andauernden Guerillaoperationen, Überläufer und Deserteure die syrische Armee stark schwächten.[77] BND-Präsident Gerhard Schindler erklärte, die Islamisten seien in der Minderheit und hätten keineswegs eine dominante Rolle in der Opposition – das Ende des Regimes sagte er für Anfang 2013 voraus. Im Dezember wiederholte Schindler die Einschätzung eines baldigen Sturzes Assads in einem Interview. Er ergänzte, dass am Boden ein Patt bestehe, aber Assad weiter Gebiete aufgeben müsse und langfristig keine Chance habe.[78] Dementsprechend bekräftigte auch Westerwelle seine Einschätzung, die Machtbasis des Regimes werde weiter erodieren, und die Zeit einer „politischen Übergangslösung“ sei nahe.[79] Freilich übersah man dabei, dass kein Geheimdienst der Welt in der Lage ist, ohne umfassende, fundierte und detaillierte Erkenntnisse den Sturz eines Regimes vorauszusagen. Dies gilt umso mehr, wenn es sich um langfristige Vorhersagen handelt und Unwägbarkeiten wie z. B. die massive militärische Intervention Russlands zur Rettung Assads eingepreist werden müssen.

Neben diplomatischen Protesten wurden auch Sanktionen eingeführt. In der Wissenschaft herrscht weitgehend Konsens darüber, dass wirtschaftliche Sanktionen ohne flankierende Maßnahmen selten die gesetzten politischen Ziele umfassend erreichen.[80] Meist schaden sie eher der Zivilbevölkerung als der kleptokratischen Elite und führen nicht zum Sturz des Regimes – wie das Beispiel des Iraks 1991 bis 2003 zeigt. In Bürgerkriegsgebieten stehen Sanktionen meist vor noch größeren Hürden. Ob ein Umdenken des jeweiligen Regimes durch Sanktionen erreicht wird, hängt nicht zuletzt von einer einheitlichen Politik ab. Die multipolare Weltordnung und das häufige Ausscheren Russlands und Chinas machen eine solche geschlossene Front immer schwieriger.

Schon einen Tag nach der Verkündung der EU-Sanktionen im Mai 2011 stellte die *Süddeutsche Zeitung* fest: „Das Regime in Syrien zeigt sich unbeeindruckt und geht weiter hart gegen Oppositionelle vor."[81] Wozu also das Ganze? Der britische Politikwissenschaftler Christopher Phillips nannte drei Beweggründe, die auch auf Deutschland zutrafen: Erstens erweckten Sanktionen bei der eigenen Bevölkerung den Eindruck, dass man „etwas tue". Zweitens hoffte man die Wirtschaftselite Assads stürzen zu können. Und drittens sollte der finanzielle Spielraum des Regimes zur Führung eines kostspieligen Krieges eingeschränkt werden.[82] Die Erfolge blieben jedoch überschaubar. Obwohl das Ölembargo einen erheblichen wirtschaftlichen Schaden verursachte, gingen die EU-Maßnahmen hauptsächlich auf Kosten der Zivilbevölkerung.[83] Ein Gros der Arabischen Liga schloss sich ab dem 26. November 2011 den Sanktionen an,[84] trotzdem blieb die „grüne Grenze" über den Irak, Jordanien, die Türkei und den Libanon offen. Zudem half der Iran mit Rat und Tat, das Embargo zu umgehen,[85] und andere Länder (China, Indien und Venezuela) unterliefen die Maßnahmen schlichtweg.[86] Russische und iranische Unterstützung für das Regime konnte viele Engpässe abmildern.

Die arabischen Gegner Assads folgten im Vergleich zu Deutschland einer anderen Logik: Ähnlich wie Großbritannien und Frankreich wollten auch Saudi-Arabien, Katar und die Türkei es nicht bei diesem Schritt belassen, sondern Sanktionen als symbolischen Akt nutzen, um weitere Eskalationsstufen zu legitimieren. Nur drei Monate später wurden die ersten Forderungen nach Waffenlieferungen an die Rebellen laut.[87]

Waffenlieferungen an die Rebellen: Eine verpasste Chance?

Seit Februar 2012 folgten zunächst Assads arabische Widersacher, die Türkei und nichtstaatliche Akteure den Hilferufen der Widerstandsgruppen. Der Westen überschätzte letztlich die Macht und Kohärenz der unübersichtlichen und weitgehend unkoordinierten Oppositionsbewegung, die zusätzlich durch die divergierenden Ziele äußerer Akteure innerlich zersplittert wurde.[88] Das Problem war, dass Katar, Saudi-Arabien und die Türkei nicht nur unterschiedliche Interessen verfolgten, sondern nur spärliche Erfahrungen mit Waffenlieferungen an Rebellen sowie eine allenfalls durchwachsene nachrichtendienstliche Aufklärung vor Ort hatten.[89] Zudem geriet die Ausrüstung nicht immer in die Hände, für die sie vorgesehen war, sondern vielfach auf Umwegen zu den „radikalen“ Rebellen. Die USA, Großbritannien und Frankreich verhielten sich noch zögerlicher als die anderen Anti-Assad-Staaten. Sie stellten Schutzkleidung und finanzielle Hilfen zur Verfügung, wenngleich nie genug, um die oppositionellen Kräfte entscheidend zu stärken.[90] Im Vergleich dazu schickten Russland und Iran umfangreichere Hilfe an das Regime in Damaskus. Teheran entsandte sogar Elitesoldaten seiner Quds-Einheit als Kämpfer und Ausbilder nach Syrien. Neben der Hisbollah kämpften auch durch den Iran geschulte schiitische Milizen aus dem Irak und Afghanistan in Syrien und kompensierten damit gravierende, nicht selten durch Desertionen verstärkte Verluste der regulären syrischen Streitkräfte. Hieraus ergab sich eine neue Phase der Entstaatlichung des Krieges und Anknüpfung an die iranische Politik im Irak nach dem Sturz Saddam Husseins.

US-Außenministerin Hillary Clinton und CIA-Direktor General David Petraeus stellten im Sommer 2012 ihren gemeinsamen Plan vor, die „moderate“ syrische Opposition stärker zu bewaffnen und auszubilden. Clinton glaubte zwar nicht an einen schnellen Sieg der Rebellen und war sich möglicher Gefahren bewusst. Sie wollte aber – folgt man ihrer eigenen Darstellung – durch die Lieferungen einen Sieg Assads verhindern oder zumindest erschweren und ihm dadurch Konzessionen abringen.[91] Die Idee wurde zuvor mit der Türkei besprochen. Frankreich, Großbritannien und Deutschland stimmten ebenfalls zu. Doch Obama entschied sich gegen den Clinton-Petraeus-Plan.[92] Eine interne CIA-Studie historischer Beispiele von Waffenlieferung hatte ergeben, dass diese in den seltensten Fällen erfolgreich waren, sofern nicht zusätzlich amerikanische Soldaten entsandt wurden. Letzteres war nicht im Interesse der USA, und so rang sich Obama im Juni 2012 nur zu indirekten Hilfslieferungen durch.[93] Weitergehende Ideen einer direkten militärischen Intervention zur Jahreswende 2012/2013 wurden nur von wenigen Beratern im Weißen Haus unterstützt.[94]

Gab es zu diesem Zeitpunkt eine eigenständige europäische Politik? Im Frühjahr 2013 wollten Großbritannien und Frankreich das EU-Waffenembargo aufheben. Ihr Ziel war es, die „moderaten"[95] Rebellen umfassender zu beliefern und sie gegen die radikalen Gruppen zu stärken, um so der Unterstützung Assads aus Iran und aus Russland entgegenzuwirken. Dabei kristallisierte sich die Aufteilung des Widerstands in vier Hauptgruppen immer stärker heraus: die auf Syrien fokussierte Freie Syrische Armee, syrische Islamisten, die dschihadistische Al-Nusra-Front und die Kurden.[96] Des Weiteren musste der BND seine Einschätzung im März 2013 revidieren. Assads Truppen seien auf dem Vormarsch, die Rebellen unkoordiniert und ineffektiv.[97] Das Überleben des Regimes war nun keineswegs ausgeschlossen. Diese Lageveränderung führte jedoch zu keiner Neubewertung durch die Bundesregierung. Diese warnte vor einem regionalen Wettrüsten und der Gefahr von Waffenproliferation – wohl auch mit einem Blick auf die öffentliche Meinung: 78 Prozent der Deutschen lehnten die Lieferungen ab.[98] Westerwelle befürwortete nur die Lieferung schusssicherer Westen, erkannte aber bereits bei Gesprächen in Istanbul, dass Deutschland Gefahr lief, mit seiner restriktiven Haltung isoliert zu werden und eine gemeinsame europäische Position zu untergraben.[99]

Die Uneinigkeit der Europäer zeigte sich bereits, bevor überhaupt über konkrete Hilfslieferungen entschieden wurde. Ein gemeinsames politisches Signal konnte daher nicht gesetzt werden, wie der Journalist Ralf Neukirch zutreffend beobachtete: „Es wäre sinnvoll gewesen, wenn die EU als Ganzes gesagt hätte, wir nehmen vor der Konferenz keine Option vom Tisch, auch Waffenlieferungen nicht. Konkrete Schritte hätte man später besprechen können. Es gibt zwischen militärischem Nichtstun und der Lieferung von schwerem Gerät wie etwa Luftabwehrraketen eine ganze Reihe von möglichen Schritten."[100] Der Widerstand Deutschlands und nahezu aller EU-Mitgliedstaaten gegen das Aufweichen des Waffenembargos konnte nur mit der Androhung eines französischen und britischen Vetos bei der Erneuerung aller EU-Sanktionen überwunden werden.[101] Ein offener Bruch wie beim Irakkrieg 2003 konnte vermieden werden. An der Formulierung der Kompromisslösung – Erneuerung der Sanktionen bei zeitgleichem Zugeständnis, dass einzelne Staaten unter strikten Bedingungen davon abweichen können – war Deutschland federführend beteiligt. Ob dies ein „kleiner diplomatischer Erfolg"[102] für Berlin war und eine geschlossene europäische Haltung festigte, ist aber fragwürdig, ebenso ob und wie die Restriktionen eingehalten wurden.[103] Außenminister Westerwelle versuchte die Quadratur des Kreises: „Was die Frage von Waffenlieferungen betrifft, gilt nun der restriktive EU-Standpunkt zu Rüstungsexporten im Allgemeinen. Deutschland wird keine Waffen in den Syrien-Konflikt liefern, und wir nehmen zur Kenntnis, dass auch kein anderes EU-Land die Absicht geäußert hat, dies in näherer Zukunft zu tun."[104] David Cameron und François Hollande erklärten hingegen öffentlich, wie wenig sie diese Abmachung kümmere und dass sie die Rebellen mit Waffen versorgen wollten. Eine gemeinsame europäische Position war damit in weiter Ferne. Nicht zuletzt aufgrund des Widerstands aus Berlin gab die EU ein „armseliges, zerstrittenes Bild ab".[105] Trotz innenpolitischer Zweifel hätte die Bundesregierung versuchen können, im Sinne einer europäischen Linie der eigenen Bevölkerung den Nutzen einer strengeren Sanktionspolitik oder von Waffenlieferungen zu erklären. Oder sie hätte aus bündnispolitischen Gründen London und Paris die Führung überlassen können, die Sanktionen aufzuweichen, ohne selbst Waffen zu liefern. Mitreden, ohne mitzugestalten, erwies sich als keine zielführende Taktik.

Unter diesen außenpolitischen Rahmenbedingungen konnte der Westen die FSA und andere unter dem Deckmantel „moderate Rebellen“ zusammengefasste Gruppen nie ausreichend unterstützen, um Assad an den Verhandlungstisch zu zwingen oder gar zu stürzen. Zudem war die Suche nach einer „moderaten Opposition“ oftmals vergebens. Welche Gruppe war so moderat, dass sie als demokratisch gelten konnte? Die gemäßigten Verbände waren häufig militärisch schwach. Viele dschihadistische Gruppen, etwa die Al-Nusra-Front, der syrische Ableger von Al-Qaida, bis sie sich 2016 zumindest offiziell distanzierten, waren hingegen sehr kampfstark. Saudi-Arabien, die Türkei und Katar unterstützten „ihre“ Rebellen umfangreicher und ließen sich von Washington nicht davon abhalten, auch radikale Gruppen zu beliefern. Zudem übertraf die iranische und russische Hilfe für Assad die westliche Stärkung der syrischen Opposition deutlich. Viele Gruppen in Syrien verloren daher die Hoffnung auf westliche Hilfe und das Vertrauen in gemachte Ermunterungen, den Aufstand zu wagen. „Ein Teufelskreis kam in Gang. FSA-Einheiten bekamen von den USA leichte Waffen, brauchten aber für militärische Erfolge die Al-Nusra-Front, kooperierten vor Ort mit den Extremisten, wodurch amerikanische Waffen in deren Hände fielen, und verloren die Unterstützung der Amerikaner, die sich in ihrer Sorge bestätigt sahen und andere Brigaden suchten.“[106]

Da die westlichen Regierungen mehrheitlich an einen baldigen Sturz Assads glaubten, entwickelten sie keinen Alternativplan. Im Rückblick erscheint dies fahrlässig. Man muss sich vor Augen führen, dass Assad erst spät und nur eine (Raqqa) von vierzehn Provinzhauptstädten aufgeben musste.[107] Zudem kam es nie zu massenhaften Desertionen der Streitkräfte, und rund 30 bis 40 Prozent der Bevölkerung hielten dem Regime die Treue.[108] Dennoch wurde 2012 im Westen vielfach spekuliert, wohin Assad ins Exil gehen könnte. Vor diesem Hintergrund ist auch die mediale Berichterstattung zu hinterfragen: Schenkte man der syrischen Opposition und deren Optimismus zu viel Glauben? Erschwerte die Dämonisierung Assads dessen Ablösung und das Einsetzen einer Übergangsregierung? Wurde der regionale Kontext zu sehr ausgeblendet und von Wunschdenken in den westlichen Regierungszentren überlagert?

Die westlichen Staaten waren sich relativ einig, dass man der Türkei ein Gefühl der Sicherheit vermitteln müsse. Nach mehreren Zwischenfällen an der türkisch-syrischen Grenze hatte Ankara Luftabwehreinheiten aus den NATO-Partnerstaaten angefordert. Westerwelle stimmte der Entsendung von „Patriot"-Raketen (PAC-3) zu. Er begründete dies vor allem mit Bündnisverpflichtungen. Zugleich betonte der Außenminister, dies diene keiner Vorbereitung einer Flugverbotszone in Syrien, sondern verfolge ausschließlich defensive Ziele. Die Patriot-Systeme sollten etwaige syrische Raketenangriffe auf die Türkei abfangen. Die deutschen Abschussstellungen lagen deutlich weiter im Hinterland als die der Niederländer und der Amerikaner – ein scharfer Einsatz war daher extrem unwahrscheinlich.[109] Der Bundestag unterstützte die symbolische Geste mit breiter Mehrheit im Dezember 2012.[110] Etwaige NATO-Pläne, sich auf ein verstärktes militärisches Eingreifen vorzubereiten, wurden in Berlin hingegen scharf kritisiert.[111]

Die erste Phase des Syrienkonflikts verdeutlicht, dass Deutschland im Unterschied zu anderen europäischen Partnern nicht bereit war, den Oppositionsgruppen Hilfsgüter zukommen zu lassen oder Beobachter zu entsenden – also aktiv an dem selbst formulierten Ziel der Beendigung von Assads Herrschaft mitzuwirken. Den Ansprüchen der eigenen Verlautbarungen und des aktuell geltenden Weißbuchs wurde man damit nicht gerecht. In Ermangelung einer glaubhaften Drohkulisse verpufften Forderungen nach einer politischen Lösung. Die zurückhaltende deutsche Haltung zeigte sich nochmals sehr deutlich im Sommer und Herbst 2013.

Giftgas als „rote Linie“? Die Nichtintervention im August und September 2013

Als im August 2013 Berichte und Videoaufnahmen über den wiederholten Einsatz[112] von Chemiewaffen die Weltöffentlichkeit erschütterten, erreichte der Konflikt in Syrien einen ersten Höhepunkt. Bis dahin waren bereits rund 100 000 Opfer zu beklagen. Als am 21. August in der Ghuta, dem überwiegend landwirtschaftlich genutzten Gebiet, das Damaskus umgibt, hunderte Zivilisten – darunter auch Frauen und Kinder – völkerrechtlich geächteten Chemiewaffen zum Opfer fielen, empörte sich die westliche Öffentlichkeit.[113] Alles schien auf einen Militärschlag oder gar eine weitreichende Intervention der Amerikaner hinzudeuten, um diesen Tabu- und Normbruch zu sanktionieren. Die Hoffnung der Rebellen und der regionalen Mächte auf ein „zweites Libyen“, also ein direktes amerikanisches Engagement, wuchs, und Letztere waren sogar bereit, die Kosten für die bevorstehenden Operationen zu übernehmen.[114] Viele Faktoren sprachen jedoch dagegen: Die Atomverhandlungen mit dem Iran, wo im Juni der als Reformer geltende Hassan Rouhani als Präsident gewählt worden war, liefen noch.[115] Der Militärputsch in Ägypten am 3. Juli 2013 hatte viele Hoffnungen, die in den Arabischen Frühling gesetzt worden waren, begraben und dämpfte den westlichen Enthusiasmus, in Syrien einzugreifen. Libyen war zum „failed state“ mutiert: Die Ermordung des amerikanischen Botschafters am 11. September 2012 in Bengasi bestärkte die Angst, dass Syrien das gleiche Schicksal ereilen könnte. Daher äußerte Obama sich immer wieder verhalten zu einer möglichen Intervention, doch die Eigen- und die Fremdwahrnehmung unterschieden sich stark: Das „Assad must go“ vom 28. August 2011 wurde immer noch als Leitlinie der amerikanischen Politik angesehen, zumal der Präsident ein Jahr zuvor den Gebrauch von Chemiewaffen als „rote Linie“ bezeichnet hatte. Bislang hatte Obama weitgehend zugeschaut und sich nicht auf eine Handlungsoption festgelegt.[116] Nun stellte der C-Waffen-Angriff in der Ghuta seine Glaubwürdigkeit auf die Probe.[117]

In seiner ersten Reaktion kündigte Obama an, er werde keine strategischen Ziele angreifen, sondern nur solche, die direkt mit der Nutzung von Chemiewaffen in Verbindung stünden. Dies war ein deutliches Signal, dass ein Regimewechsel nicht beabsichtigt war. Die Luftschläge sollten daher eine „deutliche Botschaft" senden und als Bestrafung verstanden werden.[118] Der amerikanische Präsident hatte zwei Ziele: zum einen die Verhinderung einer weiteren Nutzung oder Weitergabe von Chemiewaffen, zum anderen wollte er nicht tiefer in den syrischen Bürgerkrieg hineingezogen werden.[119] Obamas Zurückhaltung hing auch mit dem gerade erst erfolgten Abzug amerikanischer Truppen aus dem Irak zusammen, und der Sommer 2013 war geprägt von den Enthüllungen Edward Snowdens. Alle Zeichen waren bereits auf eine Intervention gestellt, als Obama kurzfristig seinen Standpunkt änderte. Die meisten seiner Berater – auch die sonst zurückhaltenden – hatten anfangs für eine militärische Aktion gestimmt.[120] Die Geheimdienste wollten sich jedoch nicht wie im Irakkrieg den schwarzen Peter zuschieben lassen und betonten mehrmals, es sei nicht „todsicher", dass der Chemiewaffeneinsatz durch das Regime erfolgt war. Zudem waren noch UN-Inspektoren im Land, und die juristische Grundlage für einen Angriff blieb ungeklärt.[121] Die zurückhaltende Rolle der Nachrichtendienste ist als Argument angeführt worden, dass der Chemiewaffeneinsatz in der Ghuta nicht dem Assad-Regime, sondern einer Zusammenarbeit der Türkei und der dschihadistischen Al-Nusra-Front entsprungen sei, die damit die USA in den Krieg hineinziehen wollten – das klingt allzu fantastisch, um wahr zu sein.[122] Die Organisation für das Verbot chemischer Waffen (OPCW) bestätigte später den Einsatz von Chemiewaffen, hielt sich aber mit einer direkten Schuldzuweisung zurück. Gleichwohl ist es sehr wahrscheinlich, das Assad-Regime als Urheber der Giftgasattacke zu vermuten. Es hat bei anderer Gelegenheit solche Kampfstoffe verwendet, und die Führung in Damaskus ist in den letzten zehn Jahren nicht durch zimperliches oder rücksichtsvolles Handeln aufgefallen.

Ein weiterer Grund für Obamas Abkehr von einer Militäraktion war die empfindliche Niederlage David Camerons im britischen Unterhaus am 29. August. Der Premierminister verlor die verfassungsrechtlich eigentlich nicht notwendige Abstimmung über eine mögliche militärische Intervention.[123] „Ein schockierter David Cameron rief Obama an, um sich zu entschuldigen, und erklärte, er könne nicht länger seine Unterstützung anbieten.“[124] Ein weiterer Partner blieb den Amerikanern noch: Frankreich hatte stets umfangreichere Hilfsleistungen an die Rebellen gefordert und war zu Luftangriffen bereit. Doch in einem Telefonat mit Präsident Hollande am Nachmittag des 31. August zeigte sich Obama zögerlich. Statt grünes Licht zu geben, bat er auf einmal um Zeit und ließ die Franzosen im Regen stehen.[125] Dies stellt bis heute in Paris eine „traumatische Erfahrung“ dar, denn allein wollte man nicht losschlagen.[126] Nach der französischen Opposition gegen den Irakkrieg 2003 und dem Vorpreschen Frankreichs und Großbritanniens im Libyenkonflikt 2011, der dann nicht ohne amerikanische Hilfe durchgeführt werden konnte, war Paris an einer Verbesserung der Beziehungen gelegen. Die Kehrtwende Obamas offenbarte daher ein tieferliegendes Abstimmungs- und Koordinierungsproblem zwischen Washington und Paris. Der amerikanische Präsident wollte sich vor etwaigen Luftangriffen der Zustimmung des Kongresses versichern, um innenpolitisch eine breite Basis für seine Politik zu gewinnen. Das Repräsentantenhaus war allerdings in republikanischer Hand; das machte den Ausgang einer Abstimmung ungewiss.[127] Zudem wandte sich die öffentliche Meinung zunehmend gegen einen Militärschlag, je länger die Krise andauerte.

Am Rande des G20-Gipfels Anfang September in St. Petersburg wurde erstmals über eine friedliche Aufgabe des syrischen Chemiewaffenbestandes gesprochen.[128] Die Obama-Administration bemühte sich, öffentlich Unterstützung für ihre Position zu erhalten. Die Deutschen verwiesen jedoch auf das noch ausstehende EU-Treffen, das man zunächst abwarten müsse.[129] Auf einer Pressekonferenz am 9. September in London sagte Außenminister John Kerry, man werde von Luftschlägen nur abrücken, wenn Assad bereit sei, alle Chemiewaffen aufzugeben. Moskau nutzte Kerrys eher rhetorisches Statement für den Vorschlag einer internationalen Kontrollmission, die die Bestände sukzessive zerstören sollte, und übte zugleich starken Druck auf Damaskus aus, dem zuzustimmen. Assad erklärte seine Bereitschaft zur Aufgabe aller Chemiewaffen und konnte so die Luftschläge in letzter Minute abwenden. Obama erreichte beide Ziele, die er sich gesteckt hatte; er zeigte, dass die Androhung militärischer Gewalt für politische Lösungen genutzt werden kann.[130] Doch der Politikwechsel war selbst den engsten, nun empörten Verbündeten nicht angekündigt worden. Die Rebellen und die Regionalmächte sprachen gar von einem Verrat Obamas. Dies verkomplizierte die ohnehin schwierige Zusammenarbeit mit lokalen Rebellengruppen und den Partnern vor Ort. Der Krieg eskalierte unterdessen weiter und die Anzahl der Opfer stieg kontinuierlich an.[131] Die Entscheidung untergrub außerdem die amerikanische Glaubwürdigkeit in den Genfer Verhandlungen und hatte weitreichende Folgen hinsichtlich der Wahrnehmung der USA als Garantiemacht internationaler Abkommen. Donald Trump gewann im April 2017 verlorenes Vertrauen in amerikanische „rote Linien" teilweise zurück, indem er einen weiteren Giftgaseinsatz mit dem Beschuss einer syrischen Luftwaffenbasis durch Marschflugkörper beantwortete.[132] Der damalige französische Außenminister bezeichnete den Herbst 2013 rückblickend als den Moment, in dem Putin bewusst wurde, dass Obama viele Tabubrüche hinnehmen würde. Dies habe das offensive Agieren Russlands im Ukrainekonflikt und die Annexion der Krim wenige Monate später begünstigt.[133]

Wie agierte Deutschland während dieses diplomatischen Höhepunkts der Syrienkrise? Wäre dies nicht eine gute Gelegenheit gewesen, um das Zaudern in der Libyenkrise durch Führungsstärke wettzumachen?

Die deutsche Haltung: Ein weiteres Libyen?

Der Zeitpunkt für eine militärische Intervention an der Seite der Vereinigten Staaten kam denkbar schlecht. Die FDP war weiterhin innenpolitisch angeschlagen, und am 22. September 2013 stand eine Bundestagswahl an. Zudem durchlebte die Bundesrepublik im Sommer 2013 die politisierte Hochphase der NSA-Abhöraffäre, die das Verhältnis zu den USA belastete. Außenminister Westerwelle sprach von einem enormen Vertrauensverlust, der auch in der Bevölkerung spürbar sei und wenig Sympathie für etwaige militärische Abenteuer an der Seite der USA aufkommen ließe. Im ARD-Deutschland-Trend sprachen sich 42 Prozent der Befragten für einen Militäreinsatz mit UN-Mandat aus (12 Prozent hielten dies auch ohne UN-Mandat für richtig), doch nur 36 Prozent waren für eine deutsche Beteiligung.[134] In den USA war die Bevölkerung ebenfalls eher skeptisch: In einer Umfrage sprachen sich 60 Prozent gegen eine von der UN getragene Militäraktion aus, und nur 9 Prozent befürworteten einen unilateralen US-Angriff ohne UN-Resolution.[135]

In Berlin herrschte große Einigkeit: Giftgas sei ein Teufelszeug. Merkel und Westerwelle forderten harte Reaktionen der internationalen Gemeinschaft, schlossen allerdings eine Beteiligung der Bundeswehr sofort aus.[136] Der SPD-Kanzlerkandidat Peer Steinbrück sprach sich ebenso gegen eine Militäraktion aus. Außenminister Westerwelle erklärte vor den versammelten deutschen Botschaftern wenige Tage nach dem Giftgasangriff: „Der Einsatz von chemischen Waffen wäre ein zivilisatorisches Verbrechen. Wenn sich ein solcher Einsatz bestätigen sollte, muss die Weltgemeinschaft handeln. Dann wird Deutschland zu denjenigen gehören, die Konsequenzen für richtig halten."[137] Der CDU-Außenpolitiker Philipp Mißfelder, der zuvor bereits Waffenlieferungen an die Rebellen gefordert hatte,[138] sagte in einem Interview, Deutschland könne aufgrund mangelnder Kapazitäten keine militärische Hilfe leisten.[139] Obwohl bereits öffentlich diskutiert worden war, was die Bundeswehr beitragen könnte, und die Aussage Mißfelders widerlegt wurde,[140] gelang es Merkel, sich „wegzuducken", und ihr Außenminister beharrte weiterhin auf einer politischen Lösung des Konflikts.[141] Die enorme Diskrepanz zwischen öffentlichen Empörungsritualen und außenpolitischem Handeln wurde hier besonders deutlich.

Die Kanzlerin zeigte auf dem G20-Gipfel in St. Petersburg Anfang September weder Zustimmung noch Ablehnung für Obamas Interventionspläne. Sie setzte ihre Unterschrift erst sehr spät unter ein Dokument, das eine starke Reaktion auf die Giftgasattacke forderte. Großbritannien, Frankreich, Italien und Spanien hatten es schon zwei Tage zuvor unterzeichnet. Merkel erklärte ihr verspätetes Einverständnis damit, dass sie erst eine gemeinsame europäische Positionierung habe abwarten wollen – ein Schlingerkurs, der den deutschen Einfluss auf die Ereignisse verringerte.[142] Die Erklärung der EU-Außenminister nach einem Treffen in Vilnius spiegelte die deutsche Position wider: UN-Berichte abwarten und Assad für mögliche Verbrechen vor ein internationales Gericht stellen. Eine direkte Interventionsdrohung, wie Obamas G20-Erklärung, enthielt sie nicht.[143] Während andere Staaten eine militärische Drohkulisse aufbauten, unternahm Deutschland das Gegenteil und untergrub dadurch eine gemeinsame westliche Haltung.[144] Berlin verlautbarte jedoch, weder die Amerikaner noch die Briten oder Franzosen hätten eine Beteiligung an den Luftschlägen gewünscht oder angefragt, weshalb man dies nicht in Betracht ziehe.[145] Tatsächlich erwartete die britische Regierung keine militärische Hilfe Deutschlands. In London wäre man jedoch froh gewesen, wenn Berlin nicht das etwaige Handeln anderer blockiert, sondern öffentlich unterstützt hätte.[146]

Ob Obama nach dem „No“ des britischen Unterhauses am 29. August 2013 Anfragen an Deutschland gerichtet hat, bleibt spekulativ. Fest steht, dass Obama bereits vor dem G20-Gipfel mit Merkel telefoniert hatte. Am selben Tag bat er den UN-Generalsekretär Ban Ki-moon um einen schnellen Abzug der Inspektoren – ein weiteres Indiz dafür, dass der amerikanische Präsident um das enge Zeitfenster einer direkten Antwort auf den Giftgaseinsatz wusste. Im Anschluss rief Obama die Bundeskanzlerin an. Sein Berater Rhodes saß mit im Oval Office. Obama warb „um ihre Unterstützung bei einer militärischen Aktion [...]. Selbst wenn Deutschland nicht mitmachte, hatten England und Frankreich ihre Teilnahme angedeutet. Doch Merkels öffentliche Unterstützung würde zeigen, dass die USA und Europa einig waren, und würde uns dabei helfen, die übrige EU hinter uns zu bringen."[147] Merkel sprach sich jedoch für einen längeren Verbleib der UN-Inspektoren aus, deren Bericht man hiernach im UN-Sicherheitsrat als Grundlage für eine Resolution nehmen sollte. „Wenn die Russen uns blockierten, hätten wir es wenigstens versucht", so die Kanzlerin. Was im Falle einer wahrscheinlichen Blockade durch Putin im Sicherheitsrat hätte passieren sollen, ist nicht bekannt. Dies steht sinnbildlich für die deutsche und europäische Haltung, die militärische Nichteinmischung unter Hinweis auf ein fehlendes UN-Mandat zu begründen, wie Kristin Helberg ausführte: „Damit versteckten sie sich hinter dem blockierten Sicherheitsrat und waren im Grunde froh, dass Moskau mit seinem Veto einen Vorwand für die eigene Untätigkeit lieferte."[148]

Die Vorschläge der Kanzlerin liefen nicht nur diametral Obamas vorherigem Gespräch mit dem UN-Generalsekretär entgegen, sondern bedeuteten eine zeitliche Verzögerung, die er immer hatte vermeiden wollen. Dementsprechend betonte der Präsident erneut die Probleme einer verspäteten Reaktion: Die Unterstützung in den USA könnte schwinden und Assad Zivilisten in der Nähe potenzieller Angriffsziele platzieren. Merkel blieb jedoch bei ihrer Haltung, wie Rhodes festhielt: „Ich saß auf dem Sofa und sah Obama seine Position vertreten, dann wartete er auf Merkels Antwort. ‚Ich will nicht, dass Sie in eine schwierige Lage kommen', sagte sie. Obama hörte konzentriert zu, den Hörer ans Ohr gedrückt, während wir über Lautsprecher mithörten. Sie sagte, sie wolle die Zeit nutzen, um für Zustimmung unter den europäischen Ländern zu werben. ‚Dann haben wir eine Situation, in der Sie nicht vagen Anschuldigungen ausgesetzt sind. Ich sage das als Freundin.' Nachdem er aufgelegt hatte, kam er zu uns herüber. Zum ersten Mal sah ich ihn unsicher in Bezug auf eine Intervention in Syrien."[149] Die „Sorge" Merkels, Obama könnte in eine schwierige Lage geraten, ist sicherlich auch vor dem Hintergrund der Kritik an amerikanischen Interventionen unter George W. Bush zu sehen. Viele Entscheidungen – so wusste man im Nachhinein – fußten auf falschen nachrichtendienstlichen Erkenntnissen. Es ist müßig zu spekulieren, ob bei einer unterstützenden Haltung Merkels Obama anders gehandelt und einen Luftschlag befohlen hätte. Deutlich werden jedoch das retardierende Element des Telefonats und die prinzipielle Richtschnur deutscher Außen- und Sicherheitspolitik: das Vertrauen auf internationale Organisationen. Und dies obwohl, wie aus der Darstellung Rhodes' deutlich wird, die Bundeskanzlerin mit keinem wirklichen Erfolg des Vorgehens im UN-Sicherheitsrat rechnete. Man hätte es somit „wenigstens versucht" – konnte also vor dem heimischen Publikum wacker dastehen und die Schuld auf Russland schieben. Ein deutlicherer Beleg für die deutsche Haltung im Syrienkonflikt, die vom Primat der Innenpolitik geleitet war, lässt sich kaum finden.

Im Ausland wurde die deutsche Attitüde kritisch beäugt: Die späte Unterstützung für Obama in St. Petersburg wurde ebenso beanstandet wie das Zögern, Worten auch Taten folgen zu lassen. Die Libyenintervention 2011 wurde oft in Erinnerung gerufen und Ghuta als weiteres Beispiel für die deutsche Unzuverlässigkeit als Bündnispartner eingereiht.[150] Zusammengefasst: Deutschland forderte entschlossene Reaktionen, war selbst jedoch nicht bereit, diese auszuführen. Man unterstützte halbherzig und sehr spät die USA und trug eine Teilverantwortung für die gespaltene europäische Haltung. Die Hauptverantwortung suchte man hingegen bei anderen: etwa den Franzosen und Briten, die in St. Petersburg entgegen vorheriger Absprachen vorgeprescht seien,[151] oder Russlands Blockadehaltung.[152]

Die diplomatische Lösung der Chemiewaffenfrage bewahrte die deutsche Regierung vor einem weiteren „Libyen". Dennoch war der außenpolitische Schlingerkurs nicht vorbei. Westerwelle forderte in einer Pressekonferenz am 10. September 2013 das syrische Regime auf, „unverzüglich" zu handeln. „Nur Taten zählen", redete er Assad ins Gewissen und unterstrich: „Deutschland beteiligt sich deshalb mit Nachdruck an allen politischen und diplomatischen Bemühungen für eine politische Lösung." Auf Nachfrage sagte er eine deutsche Beteiligung an der Vernichtung der Chemiewaffen zu.[153] Als Assad sich im September 2013 bereit erklärte, seine Chemiewaffenbestände aufzugeben, war Deutschland – noch unter Schwarz-Gelb – jedoch nicht bereit, bei der Vernichtung zu helfen, obwohl Westerwelle zuvor die Entsendung von Experten mehrfach gefordert und befürwortet hatte.[154] Dies schloss offenbar deutsche Kampfmittelräumer nicht ein, obschon die Bundeswehr weltweit führend in der ABC-Abwehr ist.

Im Januar 2014 sagte die neue Bundesregierung unter der Großen Koalition ihre Unterstützung bei der Vernichtung der Chemiewaffenbestände schließlich zu, geriet aber bei der Frage in Erklärungsnot, ob deutsche Firmen gar bei der Entstehung des syrischen Arsenals eine Rolle gespielt hatten.[155] Nach der Kehrtwende Assads hatte die Organisation für das Verbot chemischer Waffen (OPCW) Anfang Oktober ein Team nach Syrien geschickt, und schließlich wurden ab Juli rund 600 Tonnen Chemikalien auf dem US-Spezialschiff Cape Ray im Mittelmeer unschädlich gemacht. Obama dankte hiernach Dänemark, Norwegen, Italien, Großbritannien, Russland und China – erst nachgeordnet auch Deutschland und Finnland, die sich zur Entsorgung weniger giftiger Restsubstanzen bereit erklärt hatten.[156] Dänische und norwegische Schiffe hatten das Senfgas nach Italien transportiert, wo es auf die Cape Ray umgeladen wurde. 370 Tonnen des auf dem US-Spezialschiff verflüssigten Senfgases wurden danach von der Gesellschaft zur Entsorgung von chemischen Kampfstoffen und Rüstungsaltlasten (Geka) im niedersächsischen Munster entsorgt. Der Verwaltungsleiter der Geka äußerte, man hätte lieber 20 Tonnen Senfgas direkt entsorgt und „nicht erst das Hydrolysat".[157] Dies wäre allerdings einer Einführung chemischer Kampfstoffe gleichgekommen und somit aus Rechtsgründen nicht möglich gewesen. Ausreichender politischer Wille hätte hier natürlich helfen können, doch so blieb Deutschlands Beitrag für eine (Teil-)Lösung des Syrienkonflikts erneut hinter dem Italiens oder Dänemarks zurück. Wie in anderen Fällen zuvor zeigte sich hier ein Muster der deutschen Außenpolitik: Unterstützungsbekundungen für eine internationale Mission gefolgt von Wegducken bei der Frage nach aktiver deutscher Hilfe jenseits von Finanzmitteln.

Die Debatte über eine Flugverbotszone über Syrien

Im Zuge des Giftgaseinsatzes wurde auch die Möglichkeit einer Flugverbotszone oder sogenannter „safe zones“ (Schutzzonen bzw. -korridore für Zivilisten) diskutiert. Bereits im Februar 2012 hatte allen voran die Türkei die Errichtung humanitärer Korridore und Sicherheitszonen gefordert. Diesen Forderungen schloss sich im März Kerstin Müller, außenpolitische Sprecherin der Grünen im Bundestag, an. Die Sicherheitszonen sollten von der UN-Vollversammlung beschlossen und von der Türkei – unterstützt durch die UN und die Arabische Liga – beschützt werden.[158]

Im August 2012 mehrten sich ähnliche Forderungen seitens der syrischen Opposition. Die Türkei und die Vereinigten Staaten trafen sich diesbezüglich zu Gesprächen, in denen US-Außenministerin Hillary Clinton militärische Mittel zur Lösung des Syrienkonflikts erwog.[159] Das State Department und die CIA blieben die stärksten Befürworter einer Flugverbotszone und militärischer Hilfe an die Rebellen. Das Weiße Haus und das Pentagon waren weiterhin zurückhaltender – ebenso die Franzosen.[160] Der oben erwähnte Clinton-Petraeus-Plan zielte in diese Richtung, doch das Militär und Obama konnten sich mit der Idee nie anfreunden: Generalstabschef Martin Dempsey wies mehrmals auf die hohen Kosten und den benötigten Personalaufwand hin (75 000 Mann).[161] Hillary Clinton griff die Idee im Präsidentschaftswahlkampf 2016 wieder auf: Eine Flugverbotszone im Norden Syriens sollte mit Schutzzonen für Zivilisten verbunden werden. Doch Experten warnten vor der syrischen Luftabwehr, den Risiken eines Zusammenstoßes mit russischen Kampfjets (nach Putins offenem Eingreifen in den Bürgerkrieg im September 2015) und hielten den Druck auf Assad und Putin, selbst bei einem Gelingen einer solchen Flugverbotszone, schlicht für zu gering, um eine politische Lösung zu erzwingen.[162] Die Bundesregierung hatte eine Beteiligung mehrmals ausgeschlossen,[163] das heißt sie weigerte sich erneut präventiv und nahm eine Möglichkeit, Druck auf Assad auszuüben, vom Tisch.

Ein Allheilmittel war eine Flugverbotszone freilich nicht. Die permanente Besetzung des Luftraumes, eine sogenannte „air occupation“, konnte zwar die gegnerische Luftwaffe wirkungsvoll niederhalten, wie die Beispiele Bosnien (1993–1995) und Irak (1991–2003) bewiesen. Beide Fälle zeigten aber auch die Grenzen von Flugverbotszonen auf. Sie lösten die Ursachen der Konflikte nicht und hatten wenig Einfluss auf die Entwicklung am Boden, wie viele schiitische und kurdische Aufständische gegen Saddams Herrschaft bitter erfahren mussten. Eine „no-fly zone“ ist eben keine „no-war zone“.[164] Dennoch stößt man wiederholt auf die Einschätzung, der Westen hätte das Blutvergießen in Syrien einfach und konsequent durch eine Flugverbotszone stoppen können.[165] Dies reduziert ein komplexes politisches und militärisches Problem allzu sehr. Die Legitimierung einer Flugverbotszone bedurfte zudem einer UN-Mandatierung, die aufgrund der russischen Blockadehaltung unwahrscheinlich war. Hätte Deutschland also ohne völkerrechtliche Grundlage, Prinzipien der Schutzverantwortung folgend, eine Koalition der Willigen unterstützen sollen?

Die Ausschaltung der syrischen Luftabwehr wäre ein ernstes Problem gewesen, das neben Spezialkräften am Boden auch den Einsatz eigener Luftstreitkräfte erfordert hätte. Die syrische Luftwaffe besaß vor Ausbruch des Krieges rund 500 Kampflugzeuge, meist veraltete Modelle aus dem Kalten Krieg, aber auch moderne russische MiG-29-Mehrzweckkampfflugzeuge und Suchoi Su-24-Jagdbomber – gerade Letztere wurden häufig in den Kämpfen am Boden eingesetzt.[166] Zudem hätte man festlegen müssen, ob auch Hubschrauber mit Flugverboten zu belegen seien – dies war 1991 eine fatale Leerstelle, die Saddam Hussein ausnutzte, um Aufstände brutal niederzuschlagen. Im Sommer 2013 verfügte Assad noch über rund 50 Kampf- und Unterstützungshelikopter (Mil Mi-24 und Mi-8).[167] Für den humanitären Schutz von Zivilisten gedachte Sicherheitszonen hätten nolens volens als Rückzugsort für Anti-Assad-Kräfte gedient. Auch ohne Rebellen dort direkt auszubilden, wären dadurch „safe zones" zu „rebel zones" geworden. „Diese Schutzzonen besäßen insofern eine ausgeprägtere politische Dimension, als es ihr explizites militärisches Ziel wäre, eine Grundlage für den angestrebten Regimewechsel in Damaskus zu schaffen."[168] Die Errichtung von Flugverbotszonen hätte daher die Kämpfe am Boden keineswegs beendet.

Die syrischen Regierungstruppen wären selbst ohne Luftunterstützung in der Lage gewesen, den Kampf gegen die Rebellen fortzuführen. Die übliche Vorgehensweise des Regimes in Damaskus war es, vereinfacht gesagt, Rebellenhochburgen mit Artillerie zu beschießen und aus Helikoptern zu bombardieren, bis alle Zivilisten geflohen und die Rebellen komplett isoliert waren.[169] Eine Flugverbotszone hätte dem Assad-Regime diese Taktik erschwert.[170] Man muss sich jedoch fragen, ob sie das Kräfteverhältnis der Konfliktparteien entscheidend verschoben und Assad an den Verhandlungstisch gezwungen hätte. Und was sollte der Westen tun, wenn Assads Truppen trotz einer Flugverbotszone am Boden siegreich geblieben wären? Assads Luftwaffe ermöglichte auch die Kontrolle der Hauptverkehrsstraßen des Landes. Was wäre passiert, wenn diese außerhalb der Flugverbotszonen gelegenen strategischen Punkte aus der Luft angegriffen worden wären? Hätte eine Koalition der Willigen die Basen der syrischen Luftwaffe zerstört? Was wäre bei einem Einsatz von regimetreuen Bodentruppen gegen „Schutzzonen" passiert? Um eine einschneidende Veränderung des militärischen Kräfteverhältnisses herbeizuführen, hätten die Flugzeuge zur Durchsetzung der Flugverbotszone zusätzlich – so wie in Libyen 2011 – massiv in die Kämpfe eingreifen und syrische Regierungstruppen bombardieren müssen. Hierzu fehlten der politische Wille ebenso wie schlagkräftige Verbündete am Boden. Zudem war die syrische Luftabwehr deutlich leistungsfähiger als die des Irak 2003, und die Reaktionen in Moskau und Teheran waren ungewiss. Der erfahrene US-Diplomat William J. Burns hat eine aktivere Unterstützung der Opposition 2012 und 2013 allein als nicht ausreichend bezeichnet, um Assad zu stürzen, aber sie hätte seiner Meinung nach die Verhandlungsposition gegenüber Russland und dem Iran gestärkt und die Chance auf einen „Verhandlungsfrieden" erhöht.[171]

Die Debatte um die deutsche Kultur der außenpolitischen Zurückhaltung bezieht sich stets auf die militärische Beteiligung in Konflikten. Doch es gibt jenseits von Waffenlieferungen und einem Eingreifen aus der Luft auch andere, „weichere" Methoden des Krisenmanagements. Wie stand es um die entwicklungspolitische Rolle Deutschlands im Syrienkonflikt und den nichtmilitärischen Beitrag zur Krisenbeilegung?

4. Die nahende Flüchtlingskrise

Als im Laufe des Jahres 2015 die Anzahl der in Europa ankommenden syrischen Flüchtlinge binnen kurzer Zeit nie dagewesene Größenordnungen erreichte, zeigte sich die Bundesregierung überrascht, bestürzt und vor allem überfordert. Die Entwicklungen in und um Syrien, welche zu dieser Fluchtbewegung geführt hatten, seien nicht erkannt worden, gestand die Kanzlerin im September 2015: „Hier haben wir alle miteinander, und ich schließe mich da ein, nicht gesehen, dass die internationalen Programme nicht ausreichend finanziert sind, dass Menschen hungern in den Flüchtlingslagern, dass die Lebensmittelrationen gekürzt wurden".[1] Rückblickend betrachtet stellen sich angesichts dieser Situation mehrere Fragen: Warum flohen erst 2015, vier Jahre nach Beginn des Bürgerkrieges in Syrien, so viele Menschen nach Europa? Warum hat die Bundesregierung auf die nahende Flüchtlingskrise nicht rechtzeitig reagiert? Wurde vor Ort genug Hilfe geleistet und die Bundesrepublik auf mögliche Konsequenzen der katastrophalen Lage der Flüchtlinge vorbereitet? Und welche Rückschlüsse lassen sich daraus auf die Wahrnehmung des Syrienkonflikts hierzulande ziehen?

Bevor diese Fragen systematisch beantwortet werden können, ist zu klären, wie sich die Lage der Bürgerkriegsflüchtlinge in Syrien sowie in den Nachbarstaaten seit 2011 verändert hatte. Bis Herbst 2012 waren nach Angaben des Hohen Flüchtlingskommissars der Vereinten Nationen (UNHCR) 300 000 Syrer außer Landes geflohen. Ihr Ziel waren größtenteils die umliegenden Staaten Jordanien, Libanon, Türkei, Irak und Ägypten. Bereits ein Jahr später war die Zahl der dort registrierten syrischen Flüchtlinge auf zwei Millionen gestiegen, hinzu kamen weitere vier Millionen Binnenflüchtlinge innerhalb Syriens. Mitte 2014 vermeldete die UNHCR rund drei Millionen in die Nachbarstaaten geflohene Syrer, im Frühjahr 2015 bereits vier Millionen sowie 6,5 Millionen Binnenflüchtlinge. Im Januar 2018 lebten über fünf Millionen syrische Flüchtlinge in den angrenzenden Staaten[2], zudem befanden sich über sechs Millionen innerhalb Syriens auf der Flucht[3] – angesichts einer Bevölkerung von etwa 22 Millionen vor dem Bürgerkrieg sind das enorme Dimensionen. Klar erkennbar war dabei der Anstieg der Fluchtbewegung ab 2013. Darüber hinaus bleibt festzuhalten, dass im Zuge der Flüchtlingskrise ab 2015 längst nicht nur Menschen aus Syrien nach Europa geflohen sind, auch wenn dies im Folgenden im Fokus stehen wird.

Die Versorgung der großen Zahl syrischer Flüchtlinge stellte allen voran für die Nachbarstaaten eine enorme Herausforderung dar. Demgegenüber war der Umfang der internationalen Hilfen für Unterbringung und Unterstützung völlig unzureichend. Der UNHCR und in seiner Funktion als Hoher Flüchtlingskommissar António Guterres (2005 bis 2015 im Amt) prangerten diesen Missstand wiederholt an.[4] Im April 2014 war die humanitäre Hilfe für die Syrer im Libanon nur zu 13 Prozent ausfinanziert. Im Dezember desselben Jahres sah sich das Welternährungsprogramm der UN gezwungen, in Ermangelung ausreichender Gelder die Lebensmittelhilfe für 1,7 Millionen syrischer Flüchtlinge zeitweise auszusetzen.[5] Im Verlauf des Jahres 2014 verschlechterten sich die Lebensbedingungen für syrische Flüchtlinge in den Nachbarstaaten, sowohl hinsichtlich der kurzfristigen Überlebenschancen als auch hinsichtlich der langfristigen Perspektiven.[6] Ab dem Winter 2014/15 spitzte sich die Lage durch die Aussetzung der Lebensmittelhilfen zu. Im März 2015 schlugen die UN erneut Alarm, weil für das verbleibende Jahr mehr als 90 Prozent der für die syrischen Flüchtlinge veranschlagten Finanzmittel fehlten.[7] Zwischen Juni und September musste die Versorgung der Flüchtlinge wiederholt reduziert, teilweise sogar eingestellt werden.[8]

Die dargelegte Entwicklung legt mehrere Schlussfolgerungen nahe: Erstens wird ersichtlich, dass die große Fluchtbewegung nach

Europa 2015 keineswegs über Nacht losgebrochen ist. Seit 2013 befand sich eine erhebliche Anzahl an Syrern auf der Flucht, wobei ihre Situation überwiegend prekär blieb und sich ab 2014 tendenziell weiter verschlechterte. Eine baldige Fortsetzung ihrer regionalen Flucht auf globalen Routen war somit nicht auszuschließen. Zweitens lagen von Anfang an umfangreiche Informationen bezüglich der syrischen Flüchtlinge im Nahen Osten vor. Folglich wäre die Früherkennung der dramatischen Unterfinanzierung der Flüchtlingshilfe, die zur Massenflucht in Richtung Europa beigetragen hat, möglich gewesen.

Diese Zusammenhänge bieten allerdings noch keine vollständige Erklärung dafür, warum sich erst 2015 viele syrische Bürger auf den Weg nach Europa gemacht haben. Neben kurzfristigen Erwägungen spielte hierbei auch eine mangelhafte langfristige Perspektive eine bedeutende Rolle.[9] Nach mehreren Jahren Bürgerkrieg war Syrien so umfangreich zerstört, dass es nur noch wenig Hoffnung auf baldige Rückkehr gab – zumal das Regime nicht alle Geflüchteten als Rückkehrer aufnehmen wollte. Eine dauerhafte Ansiedlung in den Staaten des Nahen Ostens war nicht immer eine aussichtsreiche Option, weil die enorme Zahl der Menschen die staatlichen Strukturen des Aufnahmelandes an den Rande des Zusammenbruchs brachte (Libanon), die Flüchtlinge unter zunehmender Diskriminierung zu leiden hatten (in Ägypten nach dem Sturz von Präsident Mursi am 3. Juli 2013) oder sie keine Arbeitserlaubnis erhielten (in der Türkei war dies erst seit Januar und in Jordanien seit Februar 2016 eingeschränkt möglich). Des Weiteren verbreiteten sich über soziale Medien bemerkenswert präzise Beschreibungen, wie man über die Türkei, Griechenland und den Balkan nach Mitteleuropa gelangen könne. In Verbindung mit der unzureichenden humanitären Hilfe und den prekären Lebensumständen ohne jegliche Perspektive entschieden sich zahlreiche Menschen dafür, ihr Glück in der Flucht nach Europa zu suchen. Selbst wenn der genaue Zeitpunkt der Fluchtbewegung nicht vorauszusehen war, so waren der Bundesregierung diese langfristigen und kurzfristigen Treiber doch bekannt.

Welche Maßnahmen hatte die Bundesregierung bis 2015 ergriffen, um eine umfassende Fluchtbewegung über den Nahen Osten hinaus zu verhindern? Das Bundesministerium für wirtschaftliche Zusammenarbeit und Entwicklung (BMZ) zog bereits im April 2011 alle Mitarbeiter aus Syrien ab und beendete die Entwicklungszusammenarbeit mit der Regierung. Dennoch wurden laufende Projekte, wie etwa für Schulen und die Wasserversorgung für palästinensische und irakische Flüchtlinge und die syrische Zivilbevölkerung, im Umfang von 5,08 Millionen Euro aus humanitären Gründen von 15 Mitarbeitern der Deutschen Gesellschaft für Internationale Zusammenarbeit (GIZ) fortgeführt.[10] Bis zum Herbst 2012 hatte Berlin – zusätzlich zu den Hilfsgeldern aus dem Budget der EU, das anteilig von Deutschland finanziert wird – mit über 28 Millionen Euro die Versorgung der syrischen Flüchtlinge im Nahen Osten unterstützt.[11] Die Höhe der bereitgestellten Mittel orientierte sich dabei mitunter am Verlauf der Krise, wiederholt wurde eine Aufstockung bewilligt, sowohl für humanitäre Hilfe (Verantwortungsbereich des Auswärtigen Amtes) als auch für strukturbildende Maßnahmen und Entwicklungsprojekte (Verantwortungsbereich des BMZ). Auf einer internationalen Syrienkonferenz im Oktober 2014 zum Beispiel sicherten Entwicklungsminister Gerd Müller und Außenminister Frank-Walter Steinmeier kurzfristig 140 Millionen Euro zusätzlich zu. Damit lagen die Aufwendungen Deutschlands seit 2011 zu diesem Zeitpunkt bei 770 Millionen Euro.[12] Neben den finanziellen Hilfen erklärte sich die Bundesrepublik in Reaktion auf die überfüllten Lager im Nahen Osten außerdem seit 2013 mehrfach dazu bereit, syrische Flüchtlinge aus den Lagern aufzunehmen.[13] Diese Sonderkontingente von Bund und Ländern galten ausschließlich für syrische Bürger und umfassten bis Anfang 2015 insgesamt 30 000 Personen.[14]

Die bloße Summe der Hilfsgelder kann jedoch nicht als alleinige Richtschnur einer Beurteilung der deutschen Politik herangezogen werden, zumal die Bundesregierung entgegen ihrer eigenen strategischen Grundlage, dem oft beschworenen „vernetzten Ansatz", handelte. Dieser sieht eigentlich vor, dass entwicklungspolitische, diplomatische und militärische Engagements stets zu bündeln und aufeinander abzustimmen sind, damit sich die Maßnahmen gegenseitig ergänzen können. Die entwicklungspolitischen Initiativen wurden jedoch kaum von Maßnahmen in anderen Bereichen flankiert. Deutschland war der drittgrößte Geldgeber nach Großbritannien und den USA.[15] In Relation zum Ausmaß der Krise waren die humanitäre Unterstützung und die Entwicklungshilfe hingegen zu gering – wie so oft in humanitären Krisen. Die EU, kollektiv der größte Geldgeber, hat zusammen mit den bilateralen Hilfen ihrer Mitgliedstaaten zwischen 2011 und 2015 insgesamt 4,2 Milliarden Euro zugesagt.[16] Das entspricht gut 80 Prozent des allein für das Jahr 2014 von der UN veranschlagten Bedarfs für die Nothilfe in und um Syrien von rund fünf Milliarden Euro.[17] In Verbindung mit einer insgesamt trägen Spendenbereitschaft der weltweiten Staatengemeinschaft – beispielsweise haben sich die wohlhabenden Golfstaaten in sehr geringem Maße an den humanitären Hilfen beteiligt – führte dies zu einem strukturellen Defizit bei der Flüchtlingshilfe.

Die Reaktion Deutschlands – keineswegs als einzige Nation – war in Anbetracht der deutlichen Warnsignale vor einer krisenhaften Zuspitzung der Situation der Flüchtlinge im Nahen Osten lange Zeit unzureichend. Bei der Aufnahme von Flüchtlingen war Deutschland im Vergleich zu den übrigen europäischen Staaten zwar wiederum führend, angesichts der Gesamtzahl syrischer Flüchtlinge handelte es sich dabei aber in erster Linie um eine symbolische und unfreiwillig herbeigeführte Geste. Ohnehin war ab 2013 der innen- wie außenpolitische Druck auf die Bundesregierung gestiegen, sich stärker in der Syrienkrise zu engagieren. Die als großzügige Geste dargestellte Aufnahme von Flüchtlingen war somit hilfreich, um den Handlungsdruck in anderen Bereichen zu verringern.

In der deutschen Entwicklungspolitik ist „Fluchtursachenbekämpfung" mittlerweile ein zentrales Schlagwort. Konfliktprävention – die als eine Komponente Fluchtursachen bekämpfen soll – wird dabei als gesamtstaatliche Aufgabe der auswärtigen Politik verstanden.[18] Im Gegensatz zu Soforthilfe-Maßnahmen (Humanitäre Hilfe)[19] zielen entwicklungspolitische Übergangshilfe und Strukturförderung durch das BMZ auf mittel- bis langfristige Effekte. Während einer akuten Krise stoßen diese Maßnahmen an ihre Grenzen. Außerdem begann das BMZ erst 2014 mit drei Sonderinitiativen u. a. zu Syrien die Bekämpfung von Fluchtursachen stärker in den Fokus zu nehmen.

Das Budget des BMZ für Syrien wiederum wurde vor 2016 kaum angehoben.[20] Die Bundesregierung hat bis Januar 2018 insgesamt 2,79 Milliarden Euro im Syrienkonflikt ausgegeben (davon 1,3 Milliarden aus dem Haushalt des BMZ)[21], wobei rund ein Viertel dieser Summe auf die ersten vier Kriegsjahre entfällt (2011–2014) und drei Viertel auf die vergangenen drei Jahre (2015–2017) – dies zeugt bereits von einer zu späten Reaktion auf die Herausforderungen im Zeitraum vor der Flüchtlingskrise. Derselbe Vorwurf muss jedoch der gesamten EU gemacht werden: Erst im September 2015 konnten sich die Regierungschefs in Brüssel darauf verständigen, bedeutend mehr Finanzmittel aus dem EU-Budget für die Versorgung der syrischen Flüchtlinge bereitzustellen, nämlich zusätzlich eine Milliarde Euro.[22] Bis Januar 2018 wuchs die Summe der Hilfen von der EU sowie ihrer Mitgliedstaaten auf insgesamt 10,4 Milliarden Euro an.[23] Deutschland nahm hierbei eine führende Rolle ein, wofür die Bundesregierung international durchaus Anerkennung erhielt. Auf der Londoner Syrienkonferenz 2016 beschloss die Bundesregierung bis 2018 2,3 Milliarden Euro für Hilfsprogramme der UN in Syrien und der Region bereitzustellen. Insgesamt waren von der Geberkonferenz 11 Milliarden US-Dollar beschlossen worden, der deutsche Anteil war also sehr hoch.[24]

Wenn zu einem früheren Zeitpunkt mehr Gelder zur Verfügung gestanden hätten, wäre die Flüchtlingskrise zumindest abzumildern gewesen. Gänzlich zu vermeiden war sie aber nicht. Dafür waren die Auswirkungen des Bürgerkrieges in Syrien einfach zu groß. Eine ausreichende Nothilfe in den Flüchtlingslagern hätte vermutlich längst nicht alle Syrer davon abgehalten, sich auf den Weg nach Europa zu machen. Wie ist das Verkennen der nahenden Flüchtlingskrise vor dem Hintergrund dieser Sachlage zu bewerten? Kurzum: Das zentrale Versäumnis der Bundesregierung bzw. der zuständigen Ressorts Auswärtiges Amt und BMZ bestand keinesfalls darin, die Flüchtlingskrise nicht verhindert zu haben, obschon ihr Engagement in Syrien vor 2015 gewichtiger hätte sein können. Migrationsströme lassen sich nur bedingt steuern, sobald sie sich in Bewegung setzen. Das Versagen liegt vielmehr darin, nicht erkannt zu haben, welche Einflussmöglichkeiten für ihr eigenes Handeln innerhalb der selbst gesetzten Grenzen bestanden bzw. wo diese Möglichkeiten endeten. Eine größere Fluchtbewegung hätte früher als eine mögliche Konsequenz der zunehmend prekären Situation und Perspektivlosigkeit von Millionen Syrern im Nahen Osten erkannt werden müssen. Die Situation der syrischen Flüchtlinge wurde zwar von verschiedenen Ministern gelegentlich öffentlich angesprochen[25], jedoch nicht näher erörtert. Obwohl alle notwendigen Informationen vorlagen, hat die Bundesregierung es nicht geschafft, diese zu einem schlüssigen Gesamtbild zusammenzuführen.

Anderen Ländern ging es nicht anders: Griechenland wurde von den Ereignissen 2015 ebenfalls völlig unvorbereitet getroffen, und Fluchtbewegungen wurden in der Vergangenheit oftmals nicht vorhergesehen.[26] Eine zweite Einschränkung besteht darin, dass 2014/15 längst nicht nur Syrer in großer Zahl nach Europa kamen. 2015 zählte der Kontinent über eine Million illegal eingereister Personen. Von den Neuankömmlingen in Griechenland (mindestens 880 000, vermutlich mehr) waren laut Frontex 56 Prozent aus Syrien, gefolgt von 24 Prozent aus Afghanistan.[27] Andere Schätzungen gehen von einem Zwei-Drittel-Anteil syrischer Migranten aus.[28] Auf der Mittelmeerroute über Libyen und Italien (150 000 Migranten) hingegen waren Eritrea, Nigeria und Somalia die drei häufigsten Herkunftsländer.[29] Wenngleich alle Statistiken mit einer gewissen Unsicherheit behaftet sind, so zeigen die Zahlen doch, dass die Flüchtlingskrise nicht ausschließlich durch den syrischen Bürgerkrieg ausgelöst wurde.

Die Zusammenhänge können aber nicht über den entscheidenden Punkt hinwegtäuschen: Im Falle einer erfolgreichen Früherkennung der nahenden Flüchtlingskrise wäre eine Vorbereitung auf die anstehenden Herausforderungen und somit ein wesentlich besseres Management möglich gewesen. So war die Flüchtlingskrise vielerorts nicht zuletzt eine Krise der überforderten Transit- und (Erst-)Aufnahmestaaten. Insbesondere die chaotischen Zustände im Herbst 2015 sowie der daraus resultierende Eindruck, der deutsche Staat habe teilweise die Kontrolle verloren, wären vermeidbar gewesen.[30]

Die Voraussetzung für jede Reaktion – zum Beispiel auf die nahende Flüchtlingskrise – ist die Wahrnehmung des für die Reaktion relevanten Ereignisses. Daher ist an dieser Stelle der Frage nachzugehen, wie deutlich die Bundesregierung den Syrienkonflikt im Verlauf der Zeit überhaupt wahrgenommen hat. Um darauf eine Antwort geben zu können, haben wir einen Großteil der offiziellen Veröffentlichungen zum Syrienkonflikt[31] im Zeitraum April 2011 bis November 2017 ausgewertet. Diese Quellengrundlage vermittelt einen Eindruck davon, welchen quantitativen Stellenwert der Konflikt in Syrien und der Region in der Kommunikation der Bundesregierung eingenommen hat. Sicherlich kann von diesen Äußerungen nicht eins zu eins auf ihre Wahrnehmung

Substanzielle Veröffentlichungen der Bundesregierung zum Syrienkonflikt

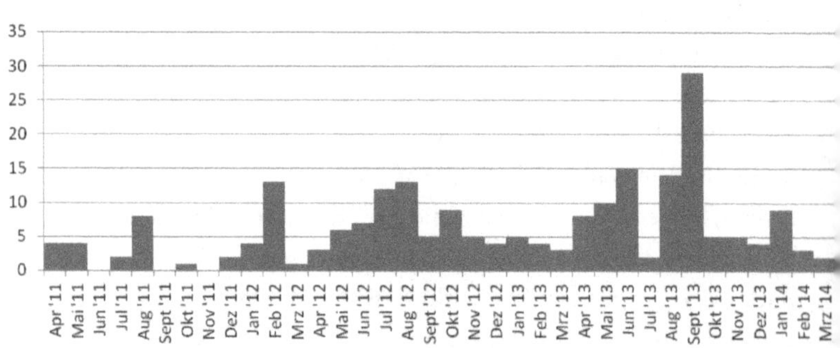

des entsprechenden Sachverhaltes oder interne Analysen geschlossen werden. In Anbetracht der gegenwärtig zur Verfügung stehenden Quellen sind diese Äußerungen dennoch ein aufschlussreicher Indikator für den Stellenwert des Konfliktgeschehens. Bei den Auswertungen wurden in 1039 Dokumenten Bezüge zum Bürgerkrieg in Syrien gefunden, wobei in lediglich 574 dieser Dokumente hinsichtlich des Umfangs – aber unabhängig vom Inhalt – substanzielle Aussagen zum Konflikt enthalten sind. Zu welchem Zeitpunkt diese 574 Dokumente veröffentlicht wurden, ist in der nachfolgenden Grafik dargestellt.

Die Grafik zeigt einen eindeutigen Befund: In der Problemwahrnehmung Berlins nahm der Syrienkonflikt lange Zeit eine nachrangige Position ein. Jenseits einzelner, kurzer Ausreißer (etwa im Zuge der Interventionsdebatte im September 2013) gab es bis Herbst 2015 monatlich kaum eine Handvoll substanzieller Äußerungen und Veröffentlichungen zum Thema. Ab September 2015 ist hingegen ein sprunghafter Anstieg festzustellen, wobei die Anzahl der Veröffentlichungen nun – im Gegensatz zum bisherigen Verlauf – für einen längeren Zeitraum auf konstant hohem Niveau blieb. Die inhaltliche Auswertung der Quellen lässt mehrere Gründe für diese Entwicklung erkennen: zum einen den Beginn des militärischen Engagements von Russland in Syrien, durch welches die festgefahrene Gemengelage neue Dynamik erhielt, und zum

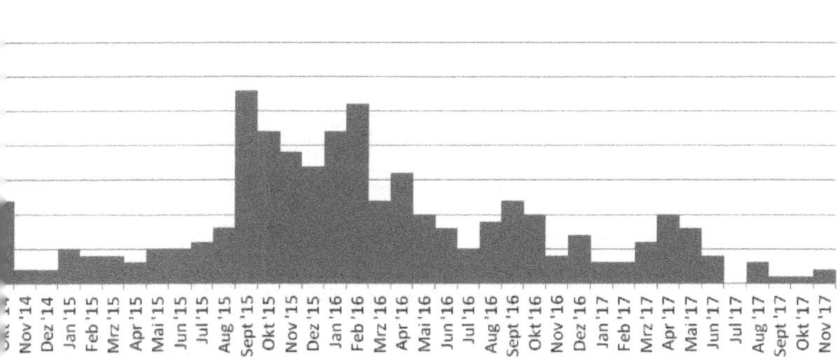

anderen die Flüchtlingskrise. Erst durch diese Entwicklung kam dem Konflikt in Syrien, der Situation der Flüchtlinge im Nahen Osten sowie dem Siegeszug des IS eine deutlich höhere Aufmerksamkeit zu. In diesem Kontext sind auch die Anschläge in Paris vom 13. November 2015 zu nennen: Zwei der neun Attentäter waren als Flüchtlinge getarnt nach Europa eingereist.

Bei der Einordnung der Untersuchungsergebnisse ist neben den außenpolitischen Ereignissen auch die innenpolitische Dimension zu berücksichtigen. Das Erstarken der AfD, die breite Debatte zum Umgang mit Flucht und Migration sowie die gestiegene Angst vor Terroranschlägen zwangen die Bundesregierung ebenfalls dazu, sich ab 2015 vermehrt zu den Ursachen der Flüchtlingskrise und in diesem Zusammenhang auch zum Syrienkonflikt sowie dessen Auswirkungen zu äußern. Die Flüchtlingskrise ist somit nicht als rein außenpolitisches Phänomen zu betrachten. Die äußeren Ereignisse führten vielmehr zu innenpolitischen Verwerfungen (und Verstimmungen auf EU-Ebene), die wiederum die Kommunikation und das Handeln Berlins beeinflussten. Entscheidend ist, dass die öffentliche Problemwahrnehmung der Bundesregierung rund um die Ereignisse in Syrien reaktiv erfolgte. Dies unterstreicht die Schlussfolgerung, dass die Auswirkungen des Syrienkonflikts bzw. die nahende Flüchtlingskrise lange Zeit vernachlässigt wurden – und zwar unabhängig von der Regierungskonstellation. Ein vergleichender Blick auf andere europäische Nationen wäre hier sinnvoll und könnte der Gegenstand weiterer Studien sein.

Zudem wurden die Investitionen und die Aufbauarbeit nicht abgesichert. Auch in Gebieten, die von Assad befreit worden waren, konnten sich demokratische Strukturen nie wirklich entwickeln und wurden nie in eine Gesamtstrategie eingebettet. Die Europäer „bauen auf, investieren Geld, wecken Hoffnungen und lassen die Partner vor Ort dann im Stich – gegenüber dem Regime und den Extremisten. Krankenhäuser und Schulen werden gebaut, um durch Luftangriffe wieder zerstört zu werden. Gesundheitsbehörden, Projekte zur Förderung von Menschen mit Behinderungen, Radiostationen, Frauen- und Jugendzentren werden unterstützt, bis radikale Gruppen diese bedrohen oder ihnen vor Ort Konkurrenz machen. Dann fürchten europäische Regierungen, ihre Gelder könnten indirekt den Dschihadisten zugutekommen, und ziehen sich zurück."[32]

Wer Demokratie und Freiheit fördern möchte, muss ein Mindestmaß an Sicherheit garantieren. Dies wurde deutlich mit der heraufziehenden Gefahr des radikalislamistischen Terrorismus, der sich in Form des „Islamischen Staates" in neuer Form zeigte und zu einem begrenzten Eingreifen Deutschlands führte.

5. Das deutsche Eingreifen als Teil der Anti-IS-Koalition

Neue Regierung – neue Krisen

Die Bundestagswahl im September 2013 brachte eine Neuauflage der Großen Koalition. Neben der Eurokrise war der Syrienkonflikt das einzige außenpolitische Thema des Wahlkampfes gewesen.[1] Frank-Walter Steinmeier wurde erneut Außenminister und initiierte ein „Review", das bisherige Versäumnisse und künftige Konturen herausarbeiten sollte. Nach der Amtszeit Westerwelles galt es die deutsche Außen- und Sicherheitspolitik neu auszurichten. Auf der Münchner Sicherheitskonferenz im Februar 2014 betonte Bundespräsident Joachim Gauck mit Blick auf militärische Einsätze: „Deutschland darf weder aus Prinzip Nein noch reflexhaft Ja sagen." Verteidigungsministerin Ursula von der Leyen stimmte dem zu: „Gleichgültigkeit ist für ein Land wie Deutschland keine Option." Und auch Steinmeier betonte, dass eine „Kultur der Zurückhaltung" nicht in eine „Kultur des Heraushaltens" umschlagen dürfe.[2] Anfang 2014 wurde somit ein „Verantwortungsdiskurs" gestartet, der die Abkehr von einer alten außenpolitischen Maxime – keine Waffenlieferungen in Kriegsgebiete – fortan begleitete.[3]

Steinmeier stand gleichwohl nicht für eine Umkehr der deutschen Syrienpolitik.[4] In seiner Antrittsrede im Auswärtigen Amt unterstrich er die Kultur der militärischen Zurückhaltung, wobei er die steigende Erwartungshaltung an Deutschland zur Kenntnis nahm. Die Krise, so beschwor der neue Außenminister seine Mitarbeiter, sei „zum Normalfall" geworden.[5] Ein Jahr später betone er vor der UN-Vollversammlung, dass es keine militärische Lösung für den Syrienkonflikt geben könne.

Zugleich akzentuierte er die Rolle der UN und versprach eine starke deutsche Beteiligung.[6] Die Debatten über ein militärisches Eingreifen in den Syrienkonflikt beschrieb Steinmeier, vor dem Hintergrund der regionalen Komplexität, als „eigentlich absurd".[7] Eine Unterscheidung zur Rhetorik Westerwelles fällt selbst mit diplomatisch-sprachlichem Gespür schwer. Steinmeier folgte traditionellen deutschen Maximen: „Kooperation statt Konfrontation" – Ausgleich, Dialog und passive Friedenspolitik.[8]

2014 wurde zu einem weiteren Krisenjahr: Putins Annexion der Krim im Februar war eine strategische Überraschung. Deutschland war wieder in einer internationalen Krise gefordert. Einige Beobachter sprachen von einer sukzessiven Erosion der Kultur der außenpolitischen Zurückhaltung.[9] Dennoch verengte die Bundesregierung durch die Absage, NATO-Truppenkontingente in Osteuropa aufzustocken, ein weiteres Mal vorauseilend Verhandlungspositionen. Dies wurde erst im Zuge der sich ausweitenden Ukrainekrise nachgeholt. Im Nahen Osten wandelte sich die scheinbare Erfolgsgeschichte des Arabischen Frühlings 2014 „from bad to worse": Libyen versank immer weiter in einem Bürgerkrieg und wurde zu einem Paradies für Schmuggler und illegale Migration. Doch Deutschland schaute nicht nur zu. Die Bundeswehr beteiligte sich im Verbund mit Italien an der Seeraumüberwachung vor der Küste Libyens, die 2015 in der Operation „Sophia" institutionalisiert wurde.[10] Zudem waren deutsche Soldaten seit Februar 2013 in Mali. Doch war das westliche Engagement stark genug, und drohte vor dem Hintergrund mehrerer Krisen erneut eine Überforderung der eigenen Kräfte und Ressourcen? Glaubt man Derek Chollet, einem hochrangigen Berater im US-Verteidigungsministerium von 2012 bis 2015, so überließ Washington den Europäern die Verhandlungen mit Russland während der Krimkrise aus drei Gründen: Die Vereinigten Staaten wollten Putin nicht den Status einer Großmacht durch direkte Verhandlungen zugestehen, sie schätzten Deutschlands Chancen größer ein, eine gemeinsame Front der Europäer aufzubauen und harte Sanktionen durchzusetzen, und man wollte die US-Ressourcen auf die Krisen in Irak und Syrien konzentriert wissen.[11] Auch die Weltmacht USA musste angesichts der Krisenverdichtung haushalten.

Die Lage in Syrien hatte sich derweil festgefahren: Assad hatte ländliche Zonen weitgehend geräumt und konzentrierte seine Kräfte auf strategisch wichtige Punkte und urbane Zentren. Dies ermöglichte den konkurrierenden Rebellengruppen, weite Landesteile zu erobern. Die chaotische Lage in Syrien begünstigte den Aufstieg radikaler sunnitischer Einheiten, die sich seit Jahren im sunnitisch und tribal orientierten Westen des schiitisch kontrollierten Post-Saddam-Irak gesammelt hatten und nun auch im benachbarten, ethnisch und konfessionell ähnlichen Osten Syriens ausbreiten konnten.[12] Der schleichende Machtzuwachs des sogenannten Islamischen Staates (IS)[13] in Syrien war eine Folge dieser Entwicklung. Die anarchische Grenzregion bot dem IS die Möglichkeit, sich wechselseitig im Irak und Syrien auszubreiten. Erst 2013 kam es zum Bruch mit anderen dschihadistischen Bewegungen in Syrien, und der IS konnte im Herbst nach der Machtübernahme in Raqqa seine Vorrangstellung festigen.[14] Anfang 2014 fiel mit Falludscha eine wichtige Stadt in der mehrheitlich sunnitischen, westirakischen Anbar-Provinz. Seit März 2014 warnten die US-Geheimdienste ihren Präsidenten vor der destabilisierenden Wirkung und Gefahr des IS. Doch Obama konnte sich zu keiner entschlossenen Reaktion durchringen. Die irakische Regierung unter dem schiitischen Hardliner Nuri al-Maliki war nicht bereit und wohl auch nicht in der Lage, vor den Wahlen im April 2014 Falludscha zurückzuerobern.[15] Im Juni kam es noch schlimmer. Mehrere Divisionen der irakischen Armee lösten sich geradezu auf, wodurch der IS die zweitgrößte Stadt des Landes (Mossul) erobern und enorme Mengen an Waffen und Material erbeuten konnte.[16] Die Schockwellen der Vorstöße des IS in der Anbar-Provinz reichten von Bagdad bis nach Washington. Doch erst die Bedrohung der Jesiden, einer religiösen Minderheit im Nordirak, und die Enthauptung zweier amerikanischer Journalisten im August zwangen Obama – auch aus innenpolitischen Gründen – zum Eingreifen.[17]

Waffenlieferungen in den Nordirak

In Deutschland sorgten die Gräuel des IS, vor allem die Bedrohung der Jesiden, für einen großen Medienaufschrei. Die politische Debatte und die öffentliche Meinung veränderten sich.[18] Die Wirkung des Begriffs „Völkermord“ darf hierbei nicht unterschätzt werden. Dieser Zeitpunkt war der zweite „Höhepunkt“ des Syrienkonflikts, der sich nun geografisch auf den Irak ausweitete. In drei Schritten erhöhte sich das deutsche Engagement im Kampf gegen den IS (wohlgemerkt nicht gegen Assad, der vom Aufstieg des IS enorm profitierte): Ab August 2014 lieferte die Bundeswehr Material und Waffen an die Peschmerga, die Streitkräfte der kurdischen Regionalregierung der Autonomen Region Kurdistan (KRG) im Irak. Im Januar 2015 bewilligte der Bundestag den Einsatz der Bundeswehr zur Ausbildungsunterstützung im Irak. Bis zu 100 deutsche Soldatinnen und Soldaten[19] wurden im Verbund mit internationalen Partnern eingesetzt. Sie sollten die irakischen Streitkräfte und Peschmerga im Kampf gegen den IS stärken und nachhaltig ausbilden. Erst im Dezember des selben Jahres begann Deutschland, einen aktiven Beitrag im Rahmen der Operation „Inherent Resolve“ (OIR) der internationalen Anti-IS-Koalition zu leisten.

Die USA attackierten IS-Stellungen seit dem 7. August 2014 aus der Luft – ohne Zustimmung des UN-Sicherheitsrats. Anfangs beschränkten sie dies auf den Irak, um den Fall Erbils zu verhindern, doch ab dem 24. September flogen sie auch in Syrien im Zuge des Kampfes um Kobane. Zudem zielten die Operationen darauf ab, den steten Zustrom an ausländischen Kämpfern – bis zu 1000 pro Monat im Oktober – zu unterbinden.[20] Letzteres lag eindeutig auch im Interesse Deutschlands. Der IS ging jedoch zu Guerillataktiken über, und so blieb die Wirkung der Luftschläge hinter den Erwartungen zurück.[21] Die Europäer gaben abermals ein zerstrittenes Bild ab und konnten sich auf keine gemeinsame Linie einigen. Immerhin wurde den Mitgliedstaaten der EU freigestellt, ob und in welchem Umfang sie, in Absprache mit der irakischen Regierung, Material oder Waffen lieferten.[22] Am 31. August 2014 entschied das Bundeskabinett die kurdischen Peschmerga mit Waffen zu beliefern – dies war das erste Mal, dass Deutschland offen Kriegsgerät in ein Krisengebiet schickte. Zum Vergleich: Im Ukrainekonflikt blieben Waffenlieferungen auch weiterhin ein Tabu.[23] Die Entscheidung wurde gegen die öffentliche Meinung durchgesetzt: Nur 34 Prozent befürworteten Waffenlieferungen in den Irak.[24] Die Kanzlerin rechtfertigte das deutsche Eingreifen gegen den IS mit einem bevorstehenden Völkermord an den Jesiden und hielt diese unmittelbare Gefahr für gewichtiger als eine etwaige Proliferation der Waffen in der Zukunft.[25] Die Peschmerga wurden als starke Opposition gegen den IS fast schon „hochgeredet", obwohl deren fluchtartiger Rückzug aus Sinjar die Schwächen der neuen westlichen Verbündeten offenbart hatte.[26] Ohne die PKK wäre somit auch die amerikanische Hilfe – von der deutschen ganz zu schweigen – zu spät gekommen. Der Fall Falludschas und Mossuls im Januar bzw. Juni 2014 zeigte wieder eine reaktive Krisenpolitik, die auf das Prinzip Hoffnung setzte.[27]

Viele Beobachter skizzierten die Entscheidung der Waffenlieferung als außenpolitische Trendwende, doch Steinmeier betonte postwendend, dies sei kein „Paradigmenwechsel", und man handele im engen Verbund mit europäischen Partnern. Zudem versuche man, die unkontrollierte Verbreitung der deutschen Waffen zu verhindern.[28] Die deutschen Lieferungen waren im internationalen Vergleich unter den fünf umfangreichsten, offenbarten aber ein westliches Problem: Bis 2016 hatten mehrere osteuropäische Länder bereits Waffen und Munition im Wert von über einer Milliarde Euro nach Syrien geschafft.[29]

Im August wurde 150 Tonnen deutsche Hilfsgüter in die KRG im Nordirak transportiert, im September erreichten die ersten nichtletalen Güter (z. B. gepanzerte Fahrzeuge, Nachtsichtgeräte, Gefechtshelme und Schutzwesten) und letalen Güter (z. B. Gewehre und Panzerfäuste) Erbil.[30] Insgesamt lieferte die Bundesregierung 1365 Tonnen Material, was einem Warenwert von 46,6 Millionen Euro entsprach.[31] Zunächst fungierten sechs Soldaten der Bundeswehr als Verbindungsoffiziere im deutschen Generalkonsulat und wiesen die Peschmerga in die neue Ausrüstung und Waffen ein.[32] Zeitgleich wurden kurdische Kämpfer auch in Deutschland, beispielsweise an der Panzerabwehrwaffe MILAN oder im Sanitätsdienst, ausgebildet. Das von der Bundeswehr meist bereits ausgemusterte Material wurde gezielt aufgrund geringer Ausbildungszeiten ausgewählt, um eine schnelle Nutzung zu erleichtern.[33] Dadurch konnte außerdem der Umfang des deutschen Personals im Irak begrenzt werden.

Historische Beispiele zeigen, dass Länder bereit sind Waffen zu liefern, wenn zum einen die Sicherheitsinteressen kongruent sind und zum anderen der Geberstaat die Empfänger als stark genug einschätzt, mit diesen allein kämpfen und bestehen zu können – also ohne ein direktes militärisches Eingreifen des Geberlandes.[34] Das Handeln der Bundesregierung fällt in dieses Schema: Die Lieferungen dienten als Mittel, um „etwas zu tun", die Partner zu stützen sowie ihre Angst vor mangelndem Beistand abzufedern, während zeitgleich eine stärkere Verwicklung in den Konflikt verhindert wurde. Während die erste Phase noch weitgehend von der Bereitstellung und der kurzen Einweisung in das Gerät geprägt war, änderte sich dies im Zuge der dramatischen Entwicklungen des Jahres 2015.

Krisenjahr 2015: Terror in Paris und russisches Eingreifen in Syrien

In Paris griffen am 7. Januar 2015 islamistische Terroristen die Redaktionsräume des Satiremagazins *Charlie Hebdo* und zwei Tage später einen jüdischen Supermarkt an. Auch wenn die Anschläge in Paris sicherlich einen Einfluss auf den entsprechenden Bundestagsbeschluss vom 29. Januar 2015 hatten, ist die umfassendere deutsche Beteiligung nicht nur als direkte Reaktion hierauf zu verstehen. Bereits am 17. Dezember 2014 legte die Regierung dem Bundestag einen Antrag zur „Ausbildungsunterstützung der Sicherheitskräfte der Regierung der Region Kurdistan-Irak und der irakischen Streitkräfte" vor.[35] Die Terroranschläge (und die später einsetzende Flüchtlingskrise) hatten jedoch einen spürbaren Einfluss auf die Bevölkerung:[36] Umfragen zeigten, dass die Ausbildungsmission mit zunehmender Dauer größere Zustimmung fand.[37] Das Mandat beinhaltete die verfassungsrechtliche Begründung für den Anti-IS-Einsatz und sah zunächst eine Entsendung von bis zu 100 Soldaten vor, die im internationalen Rahmen zur nachhaltigen Befähigung und Ausbildungsunterstützung der Peschmerga beitragen sollten – wobei natürlich nicht alle 100 Soldatinnen und Soldaten als Ausbilder tätig waren. Die Mission war zunächst bis zum 31. Januar 2016 begrenzt und mit einsatzbedingten Mehrkosten von 33,2 Millionen Euro veranschlagt. Die Bundeswehr wurde damit Teil des multinationalen Kurdistan Training Coordination Centers (KTCC).

Das Jahr 2015 brachte eine weitere Veränderung: Am 26. Juli 2015 hatte Assad erstmals öffentlich zugegeben, dass seine Ressourcen zur Neige gingen und es mehrere militärische Rückschläge gegeben habe.[38] Die Verteidigung mancher Gebiete musste daher eingestellt werden. Dies rief Moskau auf den Plan. Ab September 2015 griff Russland mit seiner Luftwaffe und privaten Militärfirmen auf der Seite Assads massiv in die Kämpfe ein.[39] Die russische Intervention war in mancher Hinsicht dem westlichen Vorgehen in anderen Konflikten ähnlich: Es zielte auf die Minimierung eigener Opfer und die Verschleierung des eigenen Engagements durch „outsourcing" an private Sicherheitsfirmen. „Collateral damage", wie zivile Opfer im Zuge von Luftangriffen zynisch genannt werden, wurde dabei bereitwillig in Kauf genommen.[40] Dies führte neben höheren zivilen Verlusten zu einer Zunahme der Flüchtlingsbewegung.

Das Eingreifen Moskaus beendete die westlichen Träume eines schnellen Endes des Krieges. Auch die Option von Flugverbots- oder Sicherheitszonen wurde damit unwahrscheinlicher.[41] Während der Westen sich auf die Bekämpfung des IS konzentrierte, rückte der Sturz des Regimes in immer weitere Ferne und schließlich ganz aus dem Fokus –

Assad mutierte zum „kleineren Übel". Die Architektur des Konflikts hatte sich damit grundlegend verändert. Obama hoffte, die langfristigen Folgen der Intervention würden dem Regime Putins schaden. Doch auch seine Berater quälte das „Gefühl der Vergeblichkeit angesichts unserer Unfähigkeit, die Dinge in Syrien zu ändern",[42] so Ben Rhodes. „Syrien entwickelte sich mehr und mehr zu einem moralischen Morast: ein Land, in dem unsere Untätigkeit eine Tragödie war – und in dem unsere Intervention die Tragödie nur noch verschlimmern würde."[43]

Im Herbst 2015 erreichte außerdem die Flüchtlingskrise ihren Höhepunkt, und die Terroranschläge in Paris am 13. November – die bisher blutigsten mit weit über hundert Opfern – schockierten die europäische Öffentlichkeit. In Deutschland kochte die Angst über mögliche Anschläge und deutsche IS-Kämpfer ebenfalls hoch. Nach dem Terror in Paris befahl Präsident Hollande umgehend Luftschläge und warb um breite Unterstützung für die Missionen in Mali, Syrien und dem Irak. Die Beistandsklausel im Lissabonner Vertrag (Artikel 42 Absatz 7) rief viele europäische Partner auf den Plan. In Berlin war nun ein „Wegducken" nicht mehr möglich, wollte man die oft beschworene besonders enge Beziehung zu Paris nicht riskieren.

Deutschland als Teil der Operation „Inherent Resolve"

Innenpolitisch war ein verstärktes Engagement unter Bezugnahme auf die „europäische Solidarität" gut vermittelbar, zumal in Deutschland die Terrorangst zunahm. Am 4. Dezember 2015 beschloss der Bundestag mit breiter Mehrheit die Ausweitung des Anti-IS-Einsatzes auf Syrien.[44] Das Mandat für „Counter Daesh" erlaubte die Entsendung von bis zu 1200 Kräften zur Unterstützung Frankreichs, des Iraks und der internationalen Allianz gegen den IS. Die Teilnahme an Ad-hoc-Allianzen schlug sich im Weißbuch (2016) des Verteidigungsministeriums nieder.[45] Wie der Politikwissenschaftler Stefan Fröhlich resümierte, zeigte sich eine „Einsicht in den Zusammenhang von äußerer und innerer Sicherheit“, die Deutschland in eine neue Rolle hineinwachsen ließ, „immer noch zögerlich mit Blick auf die Mittel und Kosten, aber doch entschlossen in der Bereitschaft der Übernahme von größerer Mitverantwortung“.[46] Doch wie groß war diese?

Die Bundesregierung entsandte zu Aufklärungszwecken sechs Flugzeuge vom Typ Tornado, ebenso ein Tankflugzeug und zeitweise eine Fregatte zum Schutz des französischen Flugzeugträgers Charles de Gaulle.[47] Zudem dienten deutsche Soldatinnen und Soldaten in internationalen Stäben der Anti-IS-Koalition. Darüber hinaus stellte Deutschland im Rahmen der atlantischen Allianz Personal für AWACS-Flugzeuge (Airborne Early Warning and Control System), die im Luftraum der NATO und im internationalen Luftraum zur Aufklärung eingesetzt werden konnten, um die Kampfjets der sogenannten Kinetic-Strike Group der OIR zu unterstützen. Dabei konnte sich Berlin der Zustimmung in der Bevölkerung gewiss sein: Im ARD-Deutschland-Trend sprachen sich Anfang Dezember 58 Prozent der Befragten für eine Beteiligung an der Anti-IS-Koalition aus, selbst wenn dies mit einer erhöhten Terrorgefahr für Deutschland einherginge – was 63 Prozent als wahrscheinlich erachteten. Die Beteiligung sollte jedoch primär in Form von Aufklärungs- und Betankungsflügen (59 Prozent) geschehen, nur 39 Prozent befürworteten eine aktive Beteiligung an Luftangriffen, während immerhin 22 Prozent sogar die Entsendung von Bodentruppen für richtig hielten.[48] Zum Vergleich: Im September hatte Verteidigungsministerin Ursula von der Leyen ein direktes Eingreifen gegen den IS noch abgelehnt, was auch eine Mehrheit der Deutschen so sah.[49] Die Krisenwahrnehmung im eigenen Land, die Terrorattacken in Europa und die Akzeptanz der Bevölkerung für ein „robustes“ Eingreifen steigerten vor dem Hintergrund der IS-Gräuel die Bereitschaft der Regierung zu handeln.

Die neuen Mandate konnten über die alte strategische Kultur nicht hinwegtäuschen: Deutsche Soldaten wurden entsandt, aber im Dreck lagen andere. Das Schießen und Sterben überließen die Deutschen mal wieder ihren Partnern, kommentierten ausländische Beobachter.[50]

Amerikanische Soldaten berichteten empört, dass die Deutschen eher mit dem Grillen von Bratwürsten beschäftigt schienen denn mit Luftaufklärung oder gar Feindbekämpfung. Andererseits schwingt in den Außenbeschreibungen – wie schon in Afghanistan und in Mali – oftmals Mitleid mit: Die Männer der Bundeswehr würden ja gerne *mehr* machen, die Politik ließe sie aber nicht. Inwiefern das Vertrauen der Kurden durch das halbherzige deutsche Engagement gefestigt wurde, sei dahingestellt. Politisches Vertrauen in die Bundesrepublik als standfester Partner sollte daher nicht nur im Hinblick auf die Resonanz in Washington, London oder Paris analysiert werden, sondern die lokale Ebene einschließen.

Im Gegensatz zu den Jahren zuvor, als die Bundesregierung stets versicherte, niemand habe eine deutsche Beteiligung angefragt, äußerte US-Verteidigungsminister Carter nun den Wunsch nach weiterer Unterstützung durch die Bundeswehr. Merkel lehnte dies ab und erklärte schlicht, Deutschland leiste bereits seinen Teil.[51] Viele Beobachter sahen dies als weiteren Beleg, dass militärische Zurückhaltung nach wie vor die Leitlinie deutscher Außen- und Sicherheitspolitik bleibe.[52] Ob die deutsche Beteiligung an der Anti-IS-Koalition tatsächlich eine Zäsur und einen graduellen Wandel hin zu mehr Engagement in Syrien und generell in Krisen darstellt, muss daher stark bezweifelt werden.[53] Von neuem Krisenmanagement und aktivem Gestaltungswillen kann nicht gesprochen werden. Der bündnis- und innenpolitische Druck war schlicht so hoch, dass ein symbolischer Beitrag notwendig geworden war, der über die finanzielle Hilfe im kurdisch-kontrollierten Nordirak hinausging.

Auch andernorts blieb das deutsche Engagement denkbar begrenzt. In Mali wurden Sanitätskapazitäten erweitert, bevor man zähneknirschend NH90 Transport- und Tiger-Kampfhubschrauber zur Evakuierung möglicher Verwundeter ins Land verlegte. Und dies auch nur, weil die Niederländer diese Aufgabe nicht mehr erfüllen wollten und Deutschland so unter Zugzwang stand. Zum Schutz des französischen Flugzeugträgerverbandes vor U-Booten wurde die Fregatte Augsburg von ihrem Einsatz bei der Flüchtlingsrettung und Schlepperbekämpfung im Rahmen der EU-Mission „Sophia“ abgezogen. Gebraucht wurde die Fregatte „nicht wirklich“, und im Vergleich zu „Sophia“ wurde die neue Aufgabe als „etwas ruhiger und routinierter“ beschrieben.[54] Die sechs Tornados, die über Syrien und dem Irak im Einsatz waren, begaben sich ebenfalls auf eine weitgehend ungefährliche Mission. Allerdings blieb es anfangs unklar, ob der IS über Boden-Luft-Raketen verfügte, und die Gefahr eines Missverständnisses mit anderen Kräften im Operationsgebiet war nie auszuschließen. Die Tornados erfüllten die gleichen Aufgaben – Aufklärungs- anstatt von Kampfeinsätzen – wie zuvor in Afghanistan, wurden aber nicht zwingend gebraucht. Den einzigen relevanten Beitrag leisteten ein Dutzend Luftbildauswerter. Das Tankflugzeug half bei den Kampfeinsätzen der Koalition, allerdings war Deutschland hierbei erneut nicht das einzige Land, das eine solche Fähigkeit bereitstellte.

Seit Januar 2015 lief die deutsche Ausbildungsmission im Nordirak mit zunächst bis zu 100, ab Januar 2016 dann mit bis zu 150 Soldaten. Ziel war die Ausbildung im Sanitätswesen, infanteristischem Kampf und in der gezielten Panzerabwehr. Bis Mitte Juni 2017 waren 4500 Peschmerga-Kämpfer direkt von deutschen Soldaten ausgebildet worden (von insgesamt 14 000), davon 396 in Deutschland.[55] Die weit über tausend MILAN-Panzerabwehrraketen erwiesen sich als äußerst nützlich im Kampf gegen den IS. So konnten die gefürchteten Selbstmordattentäter in improvisiert gepanzerten, mit Sprengstoff beladenen Fahrzeugen besser gestoppt werden.[56] In deutschen Medien wurde die MILAN fast schon als „Wunderwaffe“ kolportiert, die allein den IS besiegt habe. Trotz aller Bedenken ob des Einsatzes ließ sich eine fast paradoxe Berichterstattung über die Erfolge deutscher Waffensysteme beobachten. Zusammengefasst muss die Frage gestellt werden, wie groß der deutsche Anteil im Vergleich zu anderen Nationen war.

Die USA, Frankreich und Großbritannien werden häufig als Vergleichsfall herangezogen, obschon die strategische Kultur der Länder stark von der deutschen abweicht. Ein Vergleich mit Italien ist vor dem Hintergrund einer ähnlichen historischen Hypothek und einer vergleichbaren Kultur der strategischen Zurückhaltung sinnvoller.[57] Bereits vor den Angriffen in Paris bildeten rund 200 italienische Fallschirmjäger kurdische Kämpfer aus. Zudem schulten circa 100 Carabinieri irakische Polizisten in Bagdad, und vier Tornados der italienischen Luftwaffe flogen von Kuwait aus Aufklärungsmissionen (unterstützt durch ein Tankflugzeug und zwei unbewaffnete Drohnen).[58] Die Regierung in Rom steigerte das Kontingent im Oktober 2015 auf 750 Mann, wovon 200 in Kuwait stationiert waren.[59] Zeitgleich hatte Italien jeweils rund 1000 Soldaten im Libanon und in Afghanistan in Missionen eingebunden. Nach den Anschlägen verlegte Italien im Frühjahr 2016 vier NH90 Transport- und vier AW-129D Mangusta-Kampfhelikopter nach Erbil, deren Aufgaben „Personnel Recovery" (PR) und Luftnahunterstützung war.[60] Neben den USA war Italien somit das einzige Land, das PR-Fähigkeiten bereitstellte. Die Italiener übernahmen die Verantwortung für die Region Kurdistan. Das ermöglichte den Amerikanern, ihre Kräfte für Operationen gegen Mossul zusammenzuziehen. Zusätzlich wurden 130 weitere Soldaten in den Irak verlegt, auch um ein wichtiges Infrastrukturprojekt, die Reparatur des Mossul-Damms, infanteristisch zu schützen. Die Gesamtstärke der Italiener im Irak wuchs somit im Jahr 2016 auf über 1000 Mann. Folgt man offiziellen Zahlen der Regierung in Rom, wurden rund 7000 Peschmerga durch die 120 italienischen Ausbilder in Erbil geschult.[61] Ebenso unterstützten Dutzende italienische Spezialkräfte die Kurden in Gefechten als Berater, zum Beispiel bei den Kämpfen um Ramadi.[62]

Im Gegensatz zu Deutschland bildeten dänische, spanische, belgische, norwegische und die zuvor genannten italienischen Soldaten auch irakische Streitkräfte in Bagdad bzw. der Anbar-Provinz aus. Die Niederländer schickten acht Kampfflugzeuge des Typs F-16 für Operationen im Irak und später auch in Syrien – Belgien und Dänemark stellten eine ähnliche Anzahl von F-16 für Luftangriffe, bis beide Länder im

Herbst 2015 aus finanziellen Gründen und Kapazitätsproblemen ihre Kampfflugzeuge abzogen.[63]

Als Vergleich des deutschen Engagements sollten daher nicht nur Großbritannien oder Frankreich dienen, die sich beide als globale Ordnungsmächte sehen und ihre Interessen traditionell auch mit militärischen Mitteln durchsetzen. Der Blick auf mittelgroße Staaten wie Spanien oder Italien oder Kleinstaaten wie Dänemark und Norwegen offenbart, wie weit Deutschland in Syrien und den anderen Krisen des Arabischen Frühlings hinter den selbst formulierten Zielen zurückblieb und die eigene Beteiligung dabei in einer oftmals grotesken nationalen Nabelschau hochlobte, während andere europäische Partner mehr leisteten. Dies zeigte sich auch in der letzten zu analysierenden Phase des Krieges.

6. Das Ende des IS und der Kampf um die Nachkriegsordnung in Syrien 2016–2020

Die US-geführte Koalition drängte seit 2015 den IS im Irak und auch im Osten Syriens sukzessive zurück. Den Westen des Landes hielt Assad dank russischer und iranischer Hilfe jedoch weiterhin und dehnte seinen Machtbereich langsam wieder aus. In West- und Nordsyrien entstand eine neue Realität, da Russland, der Iran und die Türkei zu den dominanten ausländischen Mächten aufstiegen. Die USA und die Europäer konnten in diesen Landesteilen immer weniger Einfluss ausüben.

Die Situation in Syrien veränderte sich 2016 und 2017 daher merklich, ohne dass der Konflikt abebbte. Mithilfe schiitischer Milizen und der russischen Luftwaffe gelang es Assads Truppen, viele der strategisch wichtigen Regionen von den Aufständischen zurückzuerobern. Die Schlacht um Aleppo symbolisierte diesen Entwicklungstrend. Die zweitgrößte Stadt des Landes war zugleich ein wichtiges Wirtschafts- und Verkehrszentrum. Seit August 2016 führte die Rückeroberung des Ostteils der Stadt zu blutigen Straßenkämpfen und Kriegsverbrechen. Die zahlreichen dschihadistischen Rebellen dachten nicht an eine Kapitulation und zogen die Zivilbevölkerung bewusst in die Kämpfe hinein. Zeitgleich gingen die russische Luftwaffe und die schiitischen Milizen brachial vor.[1] Erst im Dezember 2016 waren die Kampfhandlungen abgeschlossen.

Im syrisch-irakischen Grenzgebiet waren die Tage des IS gezählt. Die irakische Stadt Mossul war 2014, wie oben skizziert, überraschend schnell in die Hände des IS gefallen. Nun wurde ab Oktober 2016, unterstützt durch die Anti-IS-Koalition, intensiv um die Kontrolle der zweitgrößten irakischen Stadt gerungen. Blutige Kämpfe und hohe zivile Opfer waren auch hier die Folge,[2] bis Mossul im Juli 2017 endgültig von IS-Kämpfern befreit war. Je mehr Territorium der IS verlor, desto weiter drangen die kurdischen Milizen, die mit anderen Gruppen zu den Demokratischen Kräften Syriens (SDF) zusammengefasst wurden, mithilfe amerikanischer Kräfte vor und dehnten ihren Machtbereich im Norden Syriens aus. Dabei war die Gründung der SDF ein Kunstgriff, um direkte Waffenhilfe an die YPG, die die kampfstärkste Formation innerhalb der SDF blieb, Erdogan gegenüber besser verkaufen zu können.

Denn der kurdische Vormarsch schmeckte der Türkei gar nicht. Im August 2016 kam es daher zur ersten türkischen Offensive in Nordsyrien, die eine Verbindung der kurdisch kontrollierten Zonen an der Grenze zur Türkei verhindern sollte.[3] Der Militärputsch in der Türkei im Juli 2016 verzögerte die geplante Operation, die sich letztlich mit durchwachsenem Erfolg bis Frühjahr 2017 hinzog. Erdogan musste sich zunächst um innenpolitische Belange kümmern, doch der Putsch gab ihm freie Hand für eine noch offensivere Syrien- bzw. Kurdenpolitik.[4] Im März 2016 hatte Erdogan zudem seine Machtposition gegenüber der EU gestärkt. Das EU-Türkei-Abkommen sollte der illegalen Migration über die Türkei Einhalt gebieten. Für die Zurücksendung eines illegal Eingereisten durfte die Türkei einen syrischen Flüchtling legal nach Europa lassen. Die EU zahlte zusätzlich mehr als sechs Milliarden Euro für die Versorgung der über drei Millionen Flüchtlinge in der Türkei.[5] Erdogan hat seither mehrmals das Schicksal der Flüchtlinge als Drohkulisse und Druckmittel eingesetzt.

Die Suche nach diplomatischen Lösungen zeigte, wie wichtig die russische Rolle im Syrienkonflikt mittlerweile geworden war. Nach den vergeblichen Bemühungen der UN brachte die Bildung der sogenannten Syrien-Kontaktgruppe (International Syria Contact Group, ISSG) im Herbst 2015 alle relevanten Parteien (an die 30 Staaten und Organisationen) an einen Tisch. Unter der Leitung Russlands und der USA wurde im Dezember 2015 die UN-Sicherheitsratsresolution 2254 verabschiedet, die einen Stopp der Bombardierung von zivilen Einrichtungen und eine Erhöhung der humanitären Hilfslieferungen forderte. Zudem sollten eine landesweite Waffenruhe sowie Gespräche zwischen der Opposition und Assad eingeleitet werden. Da die Resolution jedoch weiterhin ausdrücklich den Kampf gegen Terrorgruppen gestattete, blieb Moskau und Damaskus eine Hintertür offen.[6] So hagelte es weiter Bomben.

Jenseits der großen Syrien-Kontaktgruppe gab es auch bilaterale Gespräche. Die Türkei und Russland hatten 2016, nach vorherigen Zwischenfällen und Verstimmungen, einen Modus Operandi gefunden.[7] Und die USA? Auf dem G20-Gipfel in Hangzhou im September 2016 sprachen Obama und Putin auch über den Konflikt in Syrien. Die Amerikaner forderten die Einstellung russischer Angriffe auf Gebiete unter Kontrolle der Opposition und die Errichtung humanitärer Korridore. Putin war jedoch wenig begeistert und ebenso wenig beeindruckt von dem Angebot Obamas, im Gegenzug der Al-Nusra-Front keine amerikanische Hilfe mehr zukommen zu lassen. „Putin bekundete seine Unterstützung, machte sich aber lustig über unseren Vorschlag“, so Ben Rhodes, „die Al-Nusra-Front von der Opposition zu trennen. Wenn wir versuchten, die Gemäßigten zu unterstützen, ohne zugleich Al-Nusra zu unterstützen, erklärte er süffisant, wäre das, als würden wir versuchen, nackt auf eine Fichte zu klettern, ohne uns den Arsch zu zerkratzen.“[8]

Zwischen den Vereinigten Staaten und Russland gab es also keine Fortschritte. Washington konnte weder den Zerfall der brüchigen Waffenruhe noch die Gespräche in Genf und Wien erfolgreich fortführen.[9] Nach der blutigen Einnahme Ost-Aleppos ergriff Moskau im Dezember 2016 eine neue Initiative. In der kasachischen Hauptstadt Astana begannen im Januar 2017 Beratungen Russlands mit Iran und der Türkei, die als Grundlage für weitere Verhandlungen in Genf dienen und die UN-geführten Initiativen flankieren sollten.[10] Oftmals wurde jedoch eher über die Köpfe der Syrer hinweg verhandelt und beschlossen. Doch die UN gab ihre Versuche nicht auf. Im Juli 2017 handelten die USA, Russland und Jordanien federführend ein Waffenstillstandsabkommen aus, das vier Deeskalationszonen festlegte, in denen nicht gekämpft werden sollte. Doch auch nach der Unterzeichnung wurden in diesen Zonen immer wieder russische oder syrische Luftangriffe geflogen.[11] Auch der türkische Einmarsch in Nordsyrien Anfang 2018 zeigte, dass Russland, Iran und die Türkei in ihrer Rolle als „Garantiemächte für Deeskalation“ versagten und weiterhin auch mit militärischen Mitteln ihre Interessen verfolgten.[12] Zudem waren die Ziele Moskaus und Teherans keineswegs deckungsgleich, und das Regime in Damaskus nutzte Spielräume für eigene, oft nicht abgestimmte Aktionen.[13]

Die Vereinigten Staaten und die Europäer waren in den Astana-Prozess nicht direkt eingebunden. So blieb der Bundesregierung nur, diesen als friedliche Suche nach diplomatischen Lösungen zu loben. Zeitgleich forderte Putin, die EU möge für den Wiederaufbau Syriens zahlen.[14] Ein Vierergipfel Russlands, der Türkei sowie Deutschlands und Frankreichs im Oktober 2018 in Istanbul brachte „schöne“ Bilder der Einigkeit. Syrien sollte bis Ende des Jahres eine neue Verfassung erhalten und die UN einen politischen Prozess begleiten, an dessen Ende freie und allgemeine Wahlen stehen sollten.[15] Die Kanzlerin betonte hier abermals, dass sich der Konflikt in Syrien nicht militärisch lösen lasse.[16] Natürlich waren diese diplomatischen Bemühungen lobenswert, aber hatten sie jemals Chancen auf einen Erfolg oder verschafften sie Assad und seinen Helfern die nötige Zeit, den Krieg am Boden zu gewinnen?

Kristin Helberg meint, dass die Positionen der beteiligten Mächte unvereinbar gewesen seien und es an internationalem Druck gemangelt habe. Die Abordnung des syrischen Regimes sei überhaupt nur nach Genf gefahren, so Helberg, um „jahrelang Gesprächsbereitschaft vorzutäuschen und Zeit für einen militärischen Sieg zu gewinnen“.[17] Russland und Iran hätten nach dem massiven finanziellen und politischen Investment in Assad auch kein Interesse an Kompromissen gehabt. So sei das einzige Verdienst der UN und ihres Sondergesandten Staffan de Mistura, den Syrienkrieg nicht in Vergessenheit geraten zu lassen.[18] Denn während verhandelt wurde, fielen weiter Bomben, und das Leid der Bevölkerung fand kein Ende.

Trumps rote Linie: Der April 2017

Der Jahresbeginn 2017 war durch den weiteren Niedergang des IS gekennzeichnet, der in Syrien seit Herbst dieses Jahres keine Rolle mehr spielte. Gleichzeitig blieben ausgerufene Waffenruhen brüchig, und drei der vier Deeskalationszonen wurden durch das Regime Assads erobert.[19] Die russische Luftwaffe kontrollierte den Himmel, was die syrische Armee und ihre Verbündeten in die Lage versetzte, weite Teile des Landes sukzessive unter ihre Kontrolle zu bringen. Zeitgleich erreichten die Verbände der Syrischen Demokratischen Kräfte (SDF) im Mai Raqqa – die ehemalige Hochburg des IS –, die im Oktober endgültig befreit werden konnte, und nahmen weitere ehemalige Gebiete des „Kalifats" ein.[20]

Im April 2017 wurde der Weltöffentlichkeit deutlich vor Augen geführt, dass Assad 2013 wohl doch nicht alle Chemiewaffenbestände ausgehändigt hatte. Der Einsatz von Giftgas tötete am 4. April in Chan Scheichun über 80 Menschen. Erstmals war der neue amerikanische Präsident direkt mit der Frage von Krieg und Frieden konfrontiert. Trump hatte sich bei den Debatten um Obamas „rote Linien" 2013 über Twitter gegen ein Eingreifen ausgesprochen. Andererseits hatte Trump die Iranpolitik Obamas revidiert, den amerikanischen Militärs eine freiere Hand bei der Bekämpfung des IS gelassen und diesen entschlossen zurückgedrängt. Doch im April 2017 blieb der Präsident unentschlossen.[21] Trump sah in Assad und Putin Feinde des IS und somit Verbündete gegen einen gemeinsamen Feind. Letztendlich reagierten die USA auf die Giftgasattacke in Chan Scheichun mit 59 Tomahawk-Cruise-Missile-Raketen, die auf die vermutete Ausgangsbasis des Chemiewaffenangriffs abgefeuert wurden. Es handelte sich um eine sehr begrenzte und gezielte Antwort, die „Kollateralschäden" oder eine Eskalation tunlichst zu vermeiden suchte. Bewusst hatte Trump die schwächste der ihm durch das Pentagon vorgelegten militärischen Optionen gewählt.[22] Über ein Dutzend Flugzeuge wurden zerstört oder beschädigt, aber bereits am nächsten Tag flog die syrische Luftwaffe von ebenjener Basis wieder Angriffe gegen Chan Scheichun. Die begrenzte amerikanische Reaktion verdeutlichte, dass es Washington um die Bestrafung der Chemiewaffennutzung und die Durchsetzung der „roten Linie" ging – obwohl innenpolitische Gründe und eine „show of force" gegenüber dem Iran sicherlich eine Rolle spielten.

Die Kanzlerin und Außenminister Gabriel erklärten mehrmals, das Handeln Trumps sei „nachvollziehbar". Sie verurteilten den „grausamen" Einsatz von Giftgas und pochten auf eine diplomatische Lösung des Konflikts.[23] Die grundlegenden Argumentationsmuster und Konfliktlösungsansätze hatten sich im Vergleich zum Frühjahr 2011 nicht verändert. Verteidigungsministerin von der Leyen brachte erneut die Idee einer UN-Blauhelmmission nach dem Ende des Bürgerkriegs ins Gespräch; es blieb offen, wie eine deutsche Beteiligung daran hätte aussehen sollen.[24] Die Bundesregierung folgte weiterhin dem traditionellen Muster deutscher Außenpolitik: Erhöhung des politischen Drucks in internationalen Gremien, wirtschaftliche Sanktionen und Vorbereitungen für den Wiederaufbau bei gleichzeitiger Zurückhaltung in militärischen Fragen. Daran änderte auch die Bildung einer neuen Regierung nach der Bundestagswahl am 24. September 2017 nichts. Der Koalitionsvertrag[25] zwischen Union und SPD, an dem keine Außen- und Sicherheitspolitiker in hervorgehobener Stellung beteiligt waren,[26] ging nur kurz auf die Lage im Nahen Osten ein und hielt an den bisherigen deutschen Positionen fest.

Die Luftschläge im April 2018

Die Türkei versuchte seit 2016 die Entstehung eines zusammenhängenden kurdischen Herrschaftsbereichs auf syrischem Boden zu verhindern. Die lange angekündigte Offensive gegen die kurdische YPG in Nordsyrien führte im Januar 2018 zur Eroberung des Gebiets um Afrin.[27] Die kurdischen Kräfte unterlagen diesmal deutlich. Russland ließ Erdogan gewähren, und Assad versagte den Kurden seine Unterstützung.[28] Wenig später kam es im Zuge der russisch-syrischen Offensive in der Ghuta-Region am Sonntag, den 8. April 2018 zu einem erneuten Giftgaseinsatz, der die Weltöffentlichkeit schockierte. Dem OPCW-Untersuchungsbericht zufolge waren „gechlorte organische Verbindungen" eingesetzt worden, die nach allen Erkenntnissen von einem Hubschrauber der syrischen Luftwaffe in einem Behälter über Duma, einer Stadt in Ost-Ghuta, abgeworfen worden war.[29] Mindestens 50 meist zivile Opfer waren die Folge. Der erneute Einsatz von Chemiewaffen zeigte, dass das Regime in Damaskus weiterhin verbotene Waffen besaß und bereit war, diese einzusetzen. Es kam jedoch wieder zu gegenseitigen Schuldzuweisungen. Russland stellte den Giftgaseinsatz gar als Tat des Westens dar.[30]

Die westliche Reaktion wurde von Donald Trump – der über seinen Twitter-Account weltweit Sorgen vor einer Eskalation auslöste – und Emmanuel Macron angeführt.[31] Beide Staatschefs hatten bereits am selben Tag telefoniert. Auch die Briten signalisierten ihre Bereitschaft, sich an einem durch die USA geführten Luftschlag zu beteiligen. John Bolton, der am 9. April seine neue Funktion als Nationaler Sicherheitsberater antrat, bezeichnete diese frühen Beistandsbekundungen als „encouraging".[32] Weder Washington noch London oder Paris wollten eine Eskalation oder einen direkten Konflikt mit Russland, weshalb die militärische Antwort auf Assads Giftgaseinsatz abermals relativ milde ausfiel.[33] Trump handelte dort, wo Obama bereits 2013 „rote Linien" gezogen hatte. Es entbehrte nicht einer gewissen Ironie, dass Kritiker der damaligen Zurückhaltung Obamas nun Trump für die Luftschläge angriffen (und Macron nicht). Über die Legalität der Luftschläge wurde im Folgenden diskutiert. Die Lesart, es habe sich um eine humanitär begründete Repressalie gehandelt, blieb keineswegs unumstritten.[34] Die Debatte in den deutschen Medien war geprägt von allgemeiner „Orientierungslosigkeit" und Warnungen vor einem etwaigen Atomkrieg mit Russland, wie der Journalist Christoph von Marschall ausführte: „Da trat die Neigung zum Moralisieren und zur Hysterie zutage sowie die Unkenntnis zentraler strategischer Argumente."[35]

Allein die Möglichkeit von Luftschlägen stellte die Bundeskanzlerin vor einige Probleme. Mit Trump zusammen „in den Krieg ziehen"? Aus Sicherheitskreisen wird berichtet, dass sich Merkel mit ihren Generälen traf und erörterte, über welche militärischen Optionen die Bundeswehr überhaupt verfüge. Die Marine hatte zu diesem Zeitpunkt die Korvette Magdeburg im UNIFIL-Einsatz vor der Küste Libanons. Mit an Bord waren vier schwere Flugkörper, die auf Landziele in Syrien hätten abgefeuert werden können. Allerdings hatte es in der Vergangenheit Probleme mit den Flugkörpern gegeben, und trotz technischer Nachbesserungen konnte niemand sicher sagen, ob diese wirklich ihr Ziel treffen würden. Die Marineführung hielt sich daher bedeckt. Die Luftwaffe konnte den Einsatz des 1,4 Tonnen schweren Marschflugkörpers Taurus anbieten – aber ein so massiver Waffeneinsatz erschien der Kanzlerin von vornherein nicht verhältnismäßig. Und die Eurofighter, die Ende 2017 lasergesteuerte GBU-48-Bomben erhielten, waren in ihrer Rolle als Jagdbomber offenbar noch nicht einsatzbereit. Am 12. April nahm Merkel den wilden Spekulationen den Wind aus den Segeln. „Deutschland wird sich an eventuellen – es gibt ja keine Entscheidung, ich will das noch mal deutlich machen – militärischen Aktionen nicht beteiligen." Gleichzeitig erklärte sie, man stehe grundsätzlich hinter seinen Verbündeten, und es sei richtig, „dass alles getan wird, um Zeichen zu setzen, damit dieser Einsatz von Chemiewaffen nicht akzeptabel ist." Denn: „Einfach gar nichts zu tun, ist auch schwierig."[36] Außenminister Heiko Maas, der erst knapp einen Monat im Amt war, zeigte sich am selben Tag erleichtert, dass „bisher" keine offizielle Anfrage bezüglich einer etwaigen Beteiligung der Bundeswehr eingetroffen sei.[37]

Der Widerspruch etwas als „inakzeptabel" zu bezeichnen, aber nichts dagegen zu unternehmen, fiel im Ausland auf.[38] Trump fragte Macron, wieso sich Deutschland nicht beteiligen wolle. Der französische Präsident konnte nur auf innenpolitische Probleme verweisen. Daraufhin echauffierte Trump sich über die Bundesrepublik als schlechten NATO-Partner und das Nord-Stream-2-Projekt.[39] Dieser Frust wurde auch in Gesprächen innerhalb der Trump-Administration deutlich. Obwohl Nord Stream 2 nicht direkt mit Syrien zu tun hatte, gab der Präsident die Weisung, die deutsche Enthaltung bei den Vergeltungsschlägen in Syrien zu nutzen. „Don't waste this crisis on Merkel" war die Devise.[40]

Am 14. April 2018 setzten britische, französische und amerikanische Flugzeuge und Kriegsschiffe insgesamt rund 100 Marschflugkörper gegen Ziele in Syrien ein,[41] die mit der Entwicklung von Chemiewaffen in Verbindung gebracht worden waren. Dieser Vergeltungsschlag beendete den Krieg in Syrien nicht, weshalb man über den Nutzen streiten kann. Selbst ein außenpolitischer Hardliner wie John Bolton schätzte die Wirkung rückblickend wie folgt ein:

> Did we succeed in deterring Assad? Ultimately, we did not. After my resignation, the world learned that Assad had again used chemical weapons against civilian populations in May 2019, and there had likely also been other uses. In short, whereas in 2017 the US strike produced perhaps twelve months of deterrence, the somewhat larger 2018 strike produced roughly only thirteen months. And on broader Syria policy, and the handling of Iran's growing regional hegemony, this Syria debate only underscored the confusion that would dog US policy.[42]

Auch der Politikwissenschaftler Christopher Phillips kam zu einer ähnlichen Einschätzung. Mit der militärischen Sanktionierung hätten

Trump, die Franzosen und Briten zwar wiederholt Assad für die Nutzung von Chemiewaffen „bestraft" und hierdurch eventuell eine häufigere Nutzung verhindert. Den Vormarsch Assads und seiner Verbündeten zu stoppen sei hingegen nie das Ziel der Allianz gewesen.[43]

Deutschland, das seit Jahrzehnten für Abrüstung und Kontrolle chemischer Waffen eintrat, stand wieder abseits der engsten Partner. Während diese das Grundprinzip des Verbots von Chemiewaffennutzung durchsetzten, beschwor die Bundeskanzlerin dieses Ziel nur in ihrem Statement. Das Assad-Regime habe Chemiewaffen gegen die eigene Bevölkerung eingesetzt und Russland eine gemeinsame Aktion im UN-Sicherheitsrat zum wiederholten Male blockiert. Merkel entwarf das begrenzte Ziel der Angriffe:

> Im Hinblick hierauf haben unsere amerikanischen, britischen und französischen Verbündeten heute Nacht gezielte Luftschläge gegen militärische Einrichtungen des syrischen Regimes durchgeführt. Dieses Vorgehen hat zum Ziel, die Fähigkeit des Regimes zum Chemiewaffeneinsatz zu beschneiden und es von weiteren Verstößen gegen die Chemiewaffenkonvention abzuhalten. Wir unterstützen es, dass unsere amerikanischen, britischen und französischen Verbündeten als ständige Mitglieder des UN-Sicherheitsrats in dieser Weise Verantwortung übernommen haben. Der Militäreinsatz war erforderlich und angemessen, um die Wirksamkeit der internationalen Ächtung des Chemiewaffeneinsatzes zu wahren und das syrische Regime vor weiteren Verstößen zu warnen. 100 Jahre nach Beendigung des Ersten Weltkrieges sind wir alle aufgerufen, einer Erosion der Chemiewaffenkonvention entgegenzuwirken. Deutschland wird alle diplomatischen Schritte in diese Richtung entschlossen unterstützen.[44]

„Erforderlich und angemessen" – diese Wortwahl hoben Medien immer wieder hervor. Die Erklärung des französischen Präsidenten klang ähnlich. Man könne die Nutzung von Chemiewaffen nicht einfach tolerieren. Auch Theresa May machte deutlich, das primäre Ziel sei gewesen, die Nutzung von chemischen Waffen nicht zur Normalität werden zu lassen. Eine Sanktionierung sei daher „alternativlos“ gewesen.[45] Dennoch, so May, ginge es bei der Militäraktion nicht um eine dauerhafte Einmischung in den Bürgerkrieg oder um die Absetzung Assads.

Der April 2018 offenbarte die traurige Realität der gemeinsamen europäischen Außenpolitik. Dabei wurde die wichtigste Frage, wie von Marschall richtig bemerkte, nicht einmal debattiert: Wie hätte sich Deutschland positionieren sollen, um eine geschlossene europäische Haltung zu erreichen? „Die moralischen Verirrungen, die strategische Ignoranz und die logischen Brüche in der deutschen Syrien-Debatte im April 2018 zeigten ein Land, das noch immer ein unsicherer Kantonist für seine engsten Partner ist. Und dessen Reife für eine Führungsrolle in Europa und der Welt trotz all seiner ökonomischen Erfolge weiter infrage steht.“[46] Marschall erkannte ein typisches Problem zwischen der deutschen Selbst- und der Fremdwahrnehmung, dessen Diskrepanz es zu überwinden gelte „oder, anders gesagt: die Lücken zwischen dem deutschen Reden und dem deutschen Handeln kleiner zu machen. Das Muster, das sich in der Syrien-Debatte zeigte, ist auch für andere aktuelle Großkonflikte typisch, zum Beispiel den Atomstreit um Nordkorea. Die Deutschen haben meist eine klare Meinung, was richtig und falsch ist. Selbst handeln wollen sie aber nicht.“[47]

Die Erklärung des Außenministers im Bundestag am 18. April 2018 las sich wie ein Grundkurs deutscher Außenpolitik seit Hans-Dietrich Genscher: mit Diplomatie und multilateralen Institutionen einen politischen Prozess zur Beendigung der Gewalt anstoßen. Eine Art KSZE-runder-Tisch für Syrien. Bis dahin, so Maas, beteilige man sich an humanitärer Hilfe und sei bereit, „die Vernichtung syrischer Chemiewaffen ganz praktisch, also finanziell und logistisch, zu unterstützen, so wie wir das in der Vergangenheit bereits getan haben“.[48] Wie dies in der Vergangenheit geschah, wurde oben skizziert.

Die deutsche Rolle im Syrienkonflikt wandelte sich auch 2017 und 2018 nicht grundlegend. Sigmar Gabriel, Außenminister vom 27. Januar 2017 bis zum 15. März 2018, skizzierte nach seinem Rücktritt in bemerkenswerter Offenheit die Krisen im Nahen Osten: Europa trage zwar die Konsequenzen in Form von „Millionen von Migranten und eine(m) vermutlich erheblichen Anteil am Wiederaufbau Syriens und des Irak. Aber einen Einfluss auf den Verlauf oder das Ende der Konflikte haben wir nicht, Deutschland am allerwenigsten. Wir sind hilflose Zuschauer, während andere die Machtachsen auf Dauer zu verschieben suchen. Bei den jüngsten militärischen Interventionen wurde die Regierung in Berlin noch nicht einmal mehr gefragt."[49] Der Politologe Stefan Fröhlich beschrieb die deutsche Rolle in zwei Krisenmomenten 2017 und 2018 hingegen positiv. Man habe weder auf eine UN-Beteiligung gepocht noch die Aktionen der anderen offen kritisiert, sondern sich der Haltung seiner Verbündeten angenähert.[50] Ein grundlegender Wandel deutscher Außen- und Sicherheitspolitik kann jedoch in den Krisenmomenten 2017 und 2018 nicht festgestellt werden. Der Weg zu einer diplomatischen Lösung des Syrienkonflikts blieb auch in der Folge steinig. Nicht zuletzt, da die türkischen Invasionen Nordsyriens die Lage weiter verschärften und das syrische Regime keinerlei Reformwillen zeigte.

Der Sieg Assads und die Konfliktzone Nordsyrien

Im Sommer 2018 eroberte das Assad-Regime die südlichen Provinzen zurück. Hier hatte 2011 die Protestbewegung begonnen. In den Provinzen Daraa und Quneitra war es während der sieben Jahre Selbstverwaltung relativ ruhig und demokratisch zugegangen, da hier die nichtdschihadistischen Gruppen stets tonangebend gewesen waren.[51] Diese Erfolgsgeschichte wurde nun brutal beendet.[52]

Assad hatte den syrischen Bürgerkrieg de facto gewonnen. Erste arabische Staaten eröffneten wieder ihre Botschaften in Damaskus.[53] Die Arabische Liga streckte wieder ihre Fühler aus, nachdem Syrien 2011 aus dem Klub ausgeschlossen worden war.[54] Die moderateren Oppositionsgruppen waren ebenso geschlagen wie der IS und auch die islamistischen Verbände verloren an Kampfkraft. Das Regime in Damaskus hatte entgegen aller Voraussagen obsiegt und sich dank Russlands, des Irans, der Hisbollah und anderer schiitischer Kämpfer an der Macht halten können. Das Land glich in weiten Teilen einer Trümmerwüste, von den menschlichen Tragödien, langfristigen wirtschaftlichen und sozialen Folgen sowie den psychologischen Narben ganz zu schweigen.

Es blieb jedoch eine letzte Konfliktzone: der Norden und Nordosten Syriens. In der Provinz Idlib hatten kurdische Kräfte immer mehr an Macht gewonnen, und zeitgleich diente sie als Flucht- und Rückzugsort für Zivilisten und Anti-Assad-Rebellen.

Nach den türkischen Invasionen im August 2016, Dezember 2017 und Januar 2018 kam es im Oktober 2019 zu einer weiteren Offensive. Die Türkei wurde hierbei von verbündeten Milizen unterstützt, die teils aus radikalislamischen Gruppen bestanden. Ziel war es, entlang der syrischen Grenze eine „Sicherheitszone" einzurichten, die als Puffer gegen kurdische Ambitionen dienen sollte. Völkerrechtlich war auch dieser Vormarsch mehr als strittig.[55] Die USA hatten Anfang Oktober 2019 den Abzug ihrer tausend Soldaten aus Nordsyrien beschlossen. Dieser Rückzug ermöglichte den Angriff der türkischen Kräfte und verringerte die Wahrscheinlichkeit einer etwaigen direkten Konfrontation der NATO-Partner.[56] Nach großem medialem Aufruhr und herber Kritik an Präsident Trump entschloss dieser sich kurze Zeit später zu einem „Rückzug vom Rückzug" und schickte 900 Mann zum Schutz der Ölfelder zurück auf YPG-kontrolliertes Gebiet in Syrien.[57]

Der türkische Vormarsch kam nur schleppend voran und wurde nach wenigen Tagen durch eine Waffenruhe unterbrochen. Die Kurden riefen Assad zu Hilfe: es gelte die territoriale Integrität zu wahren. Die Türkei griff nämlich – im Gegensatz zu Russland – nicht mit dem Segen der Regierung in Damaskus in den Bürgerkrieg ein. Die Türkei verbündete sich mit mehreren syrischen Oppositionsgruppen und der sogenannten Syrischen Nationalarmee. Die deutsche Außenpolitik forderte eine Waffenruhe in Idlib und stellte sieben Millionen Euro Soforthilfe für die Provinz in Aussicht.[58] Im UN-Sicherheitsrat prangerte Maas die Angriffe auf die Stadt als Kriegsverbrechen an und forderte Konsequenzen. Zudem pochte er auf humanitäre Hilfslieferungen und drohte mit weiteren Sanktionen. Eine Wiederaufbauhilfe schloss er mit Blick auf die aktuellen Zustände und unveränderten Machtverhältnisse in Damaskus aus.[59]

Die neue Verteidigungsministerin Annegret Kramp-Karrenbauer, die seit dem 17. Juli 2019 im Amt war, wärmte eine alte Idee auf: Ende Oktober 2019 schlug sie eine internationale Sicherheitszone in Nordsyrien vor. Neu an dem Vorschlag war, dass sich die Bundeswehr daran beteiligen sollte. Allerdings entpuppte sich die Idee als unausgereift und realitätsfern.[60] Die USA winkten umgehend ab, die Europäer wollten sich den Plan immerhin anhören. Vertrauen in deutsche Vorschläge sah sicherlich anders aus. Innenpolitisch schlug Kramp-Karrenbauer ebenfalls viel Gegenwind entgegen. Außenminister Maas wies die Idee seiner Kollegin auf einer Pressekonferenz in der Türkei brüsk zurück.[61]

Auch in der Folge kehrte keine Ruhe in Syrien ein. Als es im März 2020 erneut zu schweren Kämpfen in der Provinz Idlib und einer direkten Konfrontation türkischer und syrischer Verbände kam, verurteilte die Kanzlerin die Angriffe auf türkische Truppen, ebenso wie deren Einmarsch und drängte wie ihr Außenminister auf einen Waffenstillstand, um eine weitere militärische Eskalation zu verhindern.[62] Zeitgleich kam es zu Streitigkeiten aufgrund der notwendigen Verlängerung der UN-Resolution für internationale Hilfslieferungen, die ohne syrische Kontrolle direkt an die Hilfsorganisationen im Lande gelangten. Russland und China blockierten eine Verlängerung und einen deutsch-belgischen Kompromissvorschlag.[63] Dies verdeutlichte, wie schwierig es in Zukunft sein wird, die Nachkriegsordnung mit bzw. gegen Russland und andere involvierte Staaten zu gestalten. Der Iran und Russland zeigen keinerlei Bereitschaft, sich aus Syrien zurückzuziehen. Wieso sollten sie auch? Beide Staaten haben jahrelang finanzielle und materielle Ressourcen in das Überleben des Assad-Regimes investiert. Natürlich wäre es aus Putins Sicht begrüßenswert, wenn der Westen den Wiederaufbau des Landes bezahlen würde, doch diesem Wunschdenken stehen Assad und der Einfluss Irans im Weg. Im Norden und Nordosten prallen weiterhin türkische, kurdische und iranische Interessen aufeinander, die Russland und die USA zu meditieren versuchen.[64] Auch wenn die Kämpfe weitgehend beendet und der Aufstand gegen Assad gescheitert ist, besteht weiterhin die Gefahr eines direkten Konflikts der involvierten Mächte. Der Wiederaufbau Syriens steht daher vor großen Hürden.

Wiederaufbau: Der neue geostrategische Konflikt

Die Verwüstungen und Vertreibungen haben immensen Schaden angerichtet. Schätzungen zufolge werden 250 bis 400 Milliarden US-Dollar für den Wiederaufbau benötigt. Zeitgleich bleibt die Zukunft des Nordosten Syriens ungewisser denn je. Durch den Niedergang des IS ist die Gefahr des Terrorismus zwar temporär gebannt, doch auch al-Qaida galt lange als besiegt, bis die Terrororganisation in veränderter Form wieder auftauchte. So verkündete Assad, der Krieg sei noch nicht vorbei und der Kampf gegen Terroristen gehe weiter. Dies erlaubt ihm, den Ausnahmezustand weiterhin für innenpolitische Repression zu nutzen, von den wirtschaftlichen Problemen abzulenken und jede Reformdiskussion im Keim zu ersticken.[65] Zudem bleibt im Nordosten die kurdische Frage ungelöst, die Grenzregion umkämpft und die Türkei involviert. Jordaniens Stabilität ist mehr denn je unter Druck. Phillips spricht daher über den „Wiederaufbau ohne Versöhnung" als neuen geostrategischen Konflikt, in dem wie zuvor keine externe Partei die Zukunft Syriens allein bestimmen kann.[66] „Reconstruction is becoming the new battleground in the Syrian conflict – its continuation by other means."[67] Wie verlaufen die neuen Konfliktlinien?

Russland hat das Regime gerettet und wird an seinen Marine- und Luftwaffenstützpunkten festhalten. Iran konnte seinen Einfluss ausbauen und eine direkte Landverbindung in den Libanon zur Hisbollah herstellen. Beiden Staaten fehlen der Wille und die Finanzkraft den

Wiederaufbau zu leisten. Die Fortdauer des Assad-Regimes sowie der iranische und russische Einfluss stoßen China noch am wenigsten auf. Die Machthaber in Peking haben mehrfach mit Russland Resolutionen im UN-Sicherheitsrat verhindert. Zudem sagte Damaskus im September China neben Iran und Russland als drittem Land privilegierte Investitionsbedingungen zu.[68] Peking sah trotz der verstärkten Rolle im Nahen Osten bisher keinen finanziellen oder politischen Nutzen in einer Erhöhung der Investitionen.[69] Die Golfstaaten fallen als mögliche Financiers aufgrund der iranischen Präsenz, interner Streitigkeiten, Problemen im Jemen und eines niedrigen Ölpreises aus. Die Türkei befindet sich auf dem besten Weg hin zu einer Überdehnung der eigenen Ressourcen und bliebt in Syrien primär am Norden und der Verhinderung eines kurdischen Staates interessiert.

Die USA hat sich von der Rolle einer ordnenden Supermacht im Nahen Osten weitgehend verabschiedet. Trumps strikte Haltung gegenüber Iran zeigte sich dennoch auch in Syrien: Die Sanktionen gegen das Land wurden 2018 und 2019 weiter verschärft; von einer Beteiligung am Wiederaufbau kann daher unter den gegenwärtigen Umständen keine Rede sein. Und die Europäer? Kristin Helberg zog eine äußerst kritische Bilanz des bisherigen Engagements: „Die EU baut auf, was Assad kurz darauf zerstört, und stärkt eine Gesellschaft von engagierten, kritischen und freien Syrern, die zu schützen sie nicht bereit ist. Ein Irrsinn, den europäische Projektmanager und auch manche Politiker und Diplomaten nur noch kopfschüttelnd begleiten, aber ihren syrischen Partnern gegenüber schon lange nicht mehr rechtfertigen können."[70]

Da Assad weiter an den Schalthebeln der Macht sitzt und Moskau und Teheran ihm auf die Finger schauen, wird die EU aus politischen Gründen ihre Beteiligung am Wiederaufbau nicht erhöhen können. Die Gefahr besteht jedoch, dass sich die Strategielosigkeit und mangelnde Koordinierung des Krisenmanagements seit 2011 nahtlos in der Zeit des Wiederaufbaus fortsetzen wird. Frankreich und Deutschland konnten eine halbwegs geschlossene Haltung der EU erreichen, die Sanktionen forcieren und auf die Freilassung politischer Gefangener sowie eine

UN-geschützte Rückkehr der Flüchtlinge als Grundlage für eine finanzielle Wiederaufbauhilfe pochen.[71] Allerdings waren einige europäische Staaten, zum Beispiel Polen und Italien, eher bereit, den angeblichen Demokratisierungstendenzen Glauben zu schenken und für einen Neustart der Beziehungen zu Damaskus einzutreten. Die Sanktionshaltung der Europäer und der USA sorgt jedoch nicht automatisch für mehr Einfluss oder eine Schockstarre des Regimes in Damaskus. Dafür ist der Nahe Osten zu multipolar geworden.[72] Vielmehr ist durch den Krieg in Syrien eine neue Krisenregion entstanden: das östliche Mittelmeer.

Die Krise im östlichen Mittelmeer 2020 – ?

Der voreilige Abzug der Amerikaner aus dem Irak unter Präsident Obama hatte ein Vakuum in der irakisch-syrischen Grenzregion hinterlassen, das den Aufstieg des IS begünstigte. Ebenso begünstigte das Nichthandeln Deutschlands und anderer europäischer Staaten das „Eingreifen der anderen“ in den Syrienkrieg. Daher lohnt es, kurz den Bogen zurück nach Libyen zu spannen. Seit dem Sturz Ghaddafis kommt das Land nicht zur Ruhe. Diese Entwicklung ist keineswegs nur auf das westliche Eingreifen 2011 zurückzuführen,[73] doch die Auswirkungen bekommt Europa in Form von Flüchtlingsbewegungen direkt zu spüren.

Wie oben skizziert war Deutschland 2011 nicht an vorderster Stelle bei der Krisenlösung dabei. Und seitdem? Durch die traditionellen Wirtschaftsinteressen im Erdöl- und Erdgassektor waren Italiener und Franzosen stets stärker engagiert. Indessen wollte sich Deutschland unlängst als ausgleichender Vermittler engagieren. Die Berliner Libyen-Konferenz im Januar 2020 war die pure Glückseligkeit deutscher Diplomatie. Ein runder Tisch, UN-Beteiligung, ein Waffenembargo und ein neuer politischer Prozess mit dem Ziel eines Waffenstillstandes. Das Hauptaugenmerk lag auf den externen Akteuren – missachtete also bewusst eine Faustregel der Mediation in Bürgerkriegen. Nach dieser sollen die Konfliktparteien Teil der Verhandlungen über ihr Land sein und den Prozess tragen. Das Versäumnis stellte eine Wette auf das Verhalten der Bürgerkriegsparteien in der Zukunft dar. Der im nächsten Schritt geplante libysch-geführte Prozess unter UN-Begleitung hing von der Bereitschaft der externen Akteure ab, Waffenlieferungen zu untersagen und die Waffenruhe zu einem Waffenstillstand auszubauen.[74] Nach der Berliner Konferenz bemerkte die *Zeit*, der Frieden in Libyen würde „vor allem auch von der Bereitschaft der internationalen Staatengemeinschaft abhängen, die Durchsetzung der zentralen Punkte auch militärisch abzusichern".[75] Die EU-Mission „Irini", die die vorherige Mission „Sophia" ablöste, soll daher Waffenlieferungen auf dem Seeweg unterbinden. Am 7. Mai beschloss der Bundestag eine deutsche Beteiligung.

Alle Mittel der diplomatischen Werkzeugkiste, die in Syrien nicht funktioniert hatten, wurden nun wieder angewendet. In Berlin geschah dies gegen den Rat des Verteidigungsministeriums, dessen Experten von der Mission „Irini" nicht viel hielten. Schnell zeigte sich auch in Libyen, dass das Embargo von einigen Unterzeichnern vom ersten Tag an umgangen.[76] Schon im Februar 2020 wurde deutlich: Von der Waffenruhe war wenig übrig geblieben.[77] Die zivilen Opferzahlen stiegen in den ersten Monaten des Jahres sogar an.[78] Hauptgrund hierfür war die andauernde Belagerung Tripolis': Hier befindet sich der Sitz der von den Vereinten Nationen anerkannten Einheitsregierung unter Ministerpräsident Fajis al-Sarradsch. General Chalifa Haftar, der durch Russland, Ägypten und die Vereinigten Arabischen Emirate unterstützt wird und den Osten und Süden Libyens kontrolliert, hatte die Vereinbarung zur Waffenruhe nie unterzeichnet und blies zum Angriff auf Tripolis.[79] Die externen Akteure griffen immer stärker in den Konflikt ein und versuchten durch die Forcierung der Kämpfe ihre Interessen durchzusetzen.

Ab Januar 2020 erhöhte die Türkei sukzessive ihr Engagement zur Verteidigung Tripolis'. Damit handelte Ankara, immerhin Teilnehmer an der Berliner Libyen-Konferenz, nicht in ihrem Geiste. Es gab vermehrt Berichte, wonach die Türkei bestehende UN-Waffenembargos wiederholt gebrochen haben soll.[80] Neben Militärberatern schickte die Türkei tausende syrische Söldner nach Libyen. Das Eingreifen Erdogans birgt daher große Gefahren einer weiteren Eskalation – etwa im Wettstreit mit Ägypten.[81]

Zu einem Zwischenfall unter NATO-Partnern kam es, als zwei türkische Kriegsschiffe eine französische Fregatte daran hinderten, einen türkischen Frachter zu kontrollieren. Zeitgleich entbrannte der Streit mit Zypern und Griechenland, so dass der Kampf um Einfluss im östlichen Mittelmeer in eine neue Phase trat.[82] Die Europäer sprachen hierbei keineswegs mit einer Stimme, auch wenn Erdogans Vorgehen für mehr Einigkeit zu sorgen schien.[83] Frankreich und Italien verfolgen in Libyen oft unterschiedliche Interessen – die zweifelhafte Unterstützung Haftars durch Paris wäre eine eigene Untersuchung wert. Berlin ist daher umso mehr als Vermittler und ausgleichende Kraft gefragt.

Seit Juni 2020 waren deutsche Marineflieger im Einsatz vor der libyschen Küste und ab August 2020 die Fregatte Hamburg. Auch die Deutsche Marine stößt daher zwangsläufig auf ein Problem: Sie soll Frachter überprüfen, die allerdings teilweise von türkischen Kriegsschiffen begleitet werden, die eine Kontrolle verhindern. Zudem gibt es eine NATO-Seeraumüberwachungsmission, an der auch die Türkei beteiligt ist. Im September fing die Fregatte Hamburg vor der libyschen Küste die Royal Diamond 7 aus den Vereinigten Arabischen Emiraten ab. Der Tanker hatte Kerosin geladen und war auf dem Weg nach Bengasi, also zu General Haftar.[84] Den Befehl zu einer näheren Kontrolle hatte der italienische Kommandeur der EU-Mission gegeben, woraufhin deutsche Marinesoldaten, mit Zustimmung des Kapitäns des Schiffes, an Bord gingen.[85] Für eine nähere Inspektion sollte der Tanker in einen europäischen Hafen eskortiert werden. Allerdings war zunächst kein Land bereit, das Schiff aufzunehmen. Die Fregatte Hamburg eskortierte die Royal Diamond 7 tagelang ziellos durchs Mittelmeer, bis Malta einwilligte, die Genehmigung dann aber zurückzog und zu aller Erleichterung sich schließlich Griechenland bereit erklärte die Ladung zu entsorgen. Die Deutsche Marine ist einerseits froh, nach langer Zeit wieder einmal ihre Fähigkeit zum „scharfen Boarding“ demonstriert zu haben – ein erneuter Fall im November zeigte,[86] dass die Kontrollen auch in Zukunft stattfinden werden und immer Konfliktpotenzial bieten. Andererseits ist den Militärs klar, dass die Operation „Irini“ in ihrer derzeitigen Form den Schmuggel von militärisch relevanten Gütern nicht wirkungsvoll unterbinden kann. Das Auswärtige Amt gibt sich allerdings schon damit zufrieden, dass die Verweigerung der Kontrolle zu einer öffentlichen Empörung führte. Ob sich der türkische Präsident von einem solchen Wunschdenken beeinflussen lässt, bleibt abzuwarten.

Erneut fehlt den Europäern und allen voran Deutschland der Wille, sich klar und unmissverständlich zu engagieren. Die überraschende Waffenruhe im August 2020 änderte daher wenig an der problematischen Lage in Libyen.[87] Außenminister Maas sprach bei einem Besuch in Libyen von „trügerischer Ruhe“.[88] Nach massiven Protesten der Bevölkerung im September 2020 kündigten der Chef der Übergangsregierung im Osten des Landes sowie Ministerpräsident al-Sarradsch ihren Rücktritt an. Der Konflikt um das östliche Mittelmeer geht weiter und scheint unübersichtlicher und gefährlicher denn je.[89] So setzte die Türkei im September 2020 syrische Söldner, die sie zuvor nach Libyen entsandt hatte, in Aserbaidschan ein, wo der „frozen conflict“ um die Region Berg-Karabach jüngst eskalierte.[90] Auch hier nahm der Westen auf der Zuschauertribüne Platz und überließ Russland und der Türkei das Feld. Das bedeutet nicht, dass Deutschland Kampfpanzer in den Kaukasus hätte schicken sollen. Es verdeutlicht aber die Folgen einer außenpolitischen Passivität und die Probleme einer „Syrienisierung der internationalen Politik“[91]: Die klassischen Instrumente und Institutionen der Konfliktlösung scheinen machtlos beziehungsweise blockiert, und die vom Auswärtigen Amt bevorzugten internationalen Konferenzen zeigen wenig Wirkung. Derweil handeln andere Mächte, die wenig mit westlichen Werten gemein haben.

7. Fazit: Blutige Enthaltung und gute Absichten

Fassen wir zunächst Deutschlands Rolle im Syrienkrieg zusammen: Wenn man die deutsche Syrienpolitik unter Schwarz-Gelb auf den Punkt bringen möchte, führt kein Weg an dem Ausdruck „Prinzip Hoffnung“ vorbei. Wie andere westliche Regierungen handelte auch Berlin in der Überzeugung, dass Assad bald stürzen werde oder eine politische Lösung möglich sei. Deutschland agierte bei Sanktionen und Waffenembargos zögerlicher als andere europäische Partner. Die deutsche Haltung zu UNSMIS und der Vernichtung der syrischen Chemiewaffen verdeutlichen diese Ambivalenz: Beide Maßnahmen hatte die Bundesregierung vehement gefordert, aber eine aktive Teilnahme an der Umsetzung blieb aus. Deutschland wollte nicht handeln, verhielt sich wie eine „größere Schweiz“ und behinderte mehrmals eine gemeinsame europäische Haltung. Berlin übernahm allenfalls nachrangige Aufgaben, während selbst kleinere Länder wie Dänemark entschlossener agierten.

Auch im Sommer 2013, im April 2017 und 2018 spiegelte sich dieses deutsche Auftreten wider. Luftschläge seien notwendig, und eine starke Antwort der internationalen Gemeinschaft müsse erfolgen, hieß es. Aber eine eigene Beteiligung schloss Berlin zugleich aus. Im Sommer 2014 begann sich Deutschland aktiv in der Anti-IS-Koalition zu engagieren und griff mit der Waffen- und Ausbildungshilfe für die Peschmerga im Nordirak zumindest indirekt in den Syrienkonflikt ein. Was von vielen Beobachtern als Trendwende bezeichnet wurde, entpuppt sich bei näherem Hinsehen als klassische deutsche Sicherheitspolitik: keine Übernahme von Kampfaufgaben und nur so viel Engagement, wie aus bündnis- und innenpolitischer Sicht unbedingt notwendig ist.

Bei weiteren Forderungen der Verbündeten winkte die Kanzlerin ab. Dennoch darf eines nicht unter den Tisch fallen: Die von der politischen Führung an die Bundeswehr gestellte – im Umfang sicherlich begrenzte – Aufgabe ist erfüllt worden. Obschon der IS als Terrormiliz fortbesteht, konnte seine territoriale Herrschaft weitgehend gebrochen werden. Den Streitkräften der Amerikaner, Briten und anderer Nationen kommt hierbei freilich ein erheblich größeres Verdienst zu als der Bundeswehr.

Erst die internationale Entwicklung und die Wahrnehmung der Krise im eigenen Land steigerten die Handlungsbereitschaft der Bundesregierung. Der Politikwechsel aufgrund äußeren Drucks drängte Berlin in eine reaktive Rolle, die den Handlungs- und Gestaltungsspielraum reduzierte – eine Strategie oder vorausschauendes Krisenmanagement waren nicht erkennbar.[1] Im Vergleich wird außerdem deutlich, dass andere europäische Partner mehr leisteten als Deutschland. Von einem „großen Anteil“ (Merkel) Berlins kann bis auf die finanziellen Hilfsleistungen keine Rede sein.

Das humanitäre Engagement der Bundesregierung war im Vergleich mit anderen westlichen Staaten zwar überdurchschnittlich groß, in Relation zum Ausmaß der Krise aber zu gering. Erst *nach* dem Beginn der Flüchtlingskrise, im Grunde also zu spät, wurde es substanziell gesteigert. Die Wirkung der Hilfen blieb begrenzt, weil sie nicht hinreichend von diplomatischen oder militärischen Maßnahmen zur Beendigung des Syrienkonflikts flankiert wurden. Der Bundesregierung kann keinesfalls vorgeworfen werden, die Flüchtlingskrise nicht verhindert zu haben – dies wäre unmöglich gewesen. Das Versäumnis besteht vielmehr darin, die vorhandenen Informationen nicht rechtzeitig zu einem schlüssigen Gesamtbild der Lage in und um Syrien zusammengeführt zu haben. Die Situation der syrischen Flüchtlinge war lange vor dem Herbst 2015 prekär, und sie waren seit 2013 in enormer Anzahl in die umliegenden Staaten geflohen. Dennoch wurde eine Fluchtbewegung über den Nahen Osten hinaus nach Europa nicht als eine mögliche, ja wahrscheinliche Konsequenz der Entwicklungen vor Ort erkannt. Zudem bleibt festzuhalten, dass die Problemwahrnehmung in Berlin – wie so oft – reaktiv erfolgte. Ob man intern – etwa beim BND oder im Auswärtigen Amt – die Lageentwicklung schärfer sah und klarer einschätzte, wird erst die Öffnung der Archive abschließend beantworten können. Von uns geführte informelle Gespräche deuten zumindest in diese Richtung.

Hätte das Wissen um einen blutigen, jahrelangen Bürgerkrieg mit Millionen Flüchtlingen die Bundesregierung zu einem beherzteren, vielleicht sogar militärischen Eingreifen veranlasst? Wohl kaum. Deutschland will mit von Gewalt dominierten Konflikten nichts zu tun haben und zeigt in solchen Fällen keinen Gestaltungswillen. Das Nichthandeln zeigte sich bereits in Afghanistan, als sich die Regierung außerordentlich schwer damit tat, aus der Verschlechterung der Lage vor Ort Konsequenzen zu ziehen. Und eine ehrliche Aufarbeitung des Einsatzes am Hindukusch gab es danach auch nicht. Über den „comprehensive approach" – den vernetzten Ansatz von Auswärtigem Amt, Verteidigungsministerium, dem Innenministerium und dem Ministerium für Entwicklungszusammenarbeit – wird zwar viel gesprochen. In der politischen Praxis Berlins kommt dabei aber wenig heraus.[2] Eine Strategie, und damit auch eine strategische Kultur, wie man auf Krisen zu reagieren habe, fehlt. Außer: sich möglichst elegant aus der Affäre zu ziehen.

Ein weiteres deutsches Verhaltensmuster in der Syrienkrise, gerade in der zweiten Phase mit ihrem Höhepunkt im August und September 2013, ist das vorauseilende Räumen von Handlungsoptionen und das Niederreißen von Drohkulissen. Was als Friedenspolitik gut gemeint ist, verpufft bei nicht so friedlichen Gesprächspartnern rasch. Diplomatischen Druck kann man so nicht aufbauen. Die deutsche Außenpolitik scheint ein Kernelement des Kalten Krieges vergessen zu haben, welches viel Leid verhinderte: Abschreckung. Denn wie Richard Herzinger bemerkte: „Effektive Abschreckung als Voraussetzung für einen effektiven Dialog mit solchen Mächten bleibt für Berlin ein Tabuthema."[3]

Das Streben nach vernunftgeleitetem Ausgleich und Glaube an „soft power“ mag moralisch tadellos sein, stößt aber bei Machthabern wie Putin oder Assad früh an seine Grenzen, weshalb die Möglichkeit einer, auch militärischen, Drohkulisse unverzichtbar bleibt.[4] Ein Beispiel verdeutlicht dies: Der einzige Erfolg des Westens während der Syrienkrise, Assads (zumindest teilweise) Aufgabe seines Chemiewaffenarsenals im Herbst 2013, erfolgte nach der Androhung militärischer Schritte. Diese Drohkulisse hatte die Bundesregierung nicht unterstützt. Die Analyse des Syrienkonflikts zeigt auch, dass Deutschland häufig die Chance verpasste, etwas zur viel beschworenen „politischen Lösung“ der Krise beizutragen. Wenn die Bundesregierung sich als neutrale Vermittlerin in der Region wahrnimmt,[5] muss sie sich die Frage gefallen lassen, was aus dieser oft zitierten deutschen Sonderrolle resultiert.

Die Analyse des deutschen Krisenmanagements in Syrien wirft weitere Fragen auf: Gibt es einen „academic blind spot“, einen akademischen blinden Fleck? Wie eingangs erwähnt wurde der Syrienkonflikt in den führenden deutschen Fachzeitschriften kaum beachtet. Expertise in außen- und sicherheitspolitischen Feldern zu schaffen (und diese in Regierungsentscheidungen einzubeziehen) bedeutet nicht, Kriege zu fördern. Vielmehr sollte man Regionalexpertise der Nahoststudien von Islamwissenschaftlern, Historikern und Konfliktforschern bündeln, um auch in der Wissenschaft einen vernetzten, interdisziplinären Erkenntniszugewinn zu schaffen.

Gibt es eine Expertenscheu im Kanzleramt? Dringen Nahostexperten nicht in den innersten Kreis der Kanzlerin vor? Oder spielen solche Expertenmeinungen generell eine untergeordnete Rolle? Die Nahostexperten Guido Steinberg und Sebastian Sons sprachen von einer stiefmütterlichen Behandlung der arabischen Staaten und mangelnder Nahostkompetenz im Auswärtigen Amt und an anderen strategischen Schaltstellen. Die Vernachlässigung würde durch zeitliche und personelle Nöte noch verstärkt.[6] Auch in der Umgebung der Kanzlerin fehlt es an ausgewiesenen Nahostexperten. Die meisten Berater und das engste Umfeld sind frankophil oder transatlantisch geprägt,[7] auch wenn die Abteilung 2 des Kanzleramts (Außen-, Sicherheits- und Entwicklungspolitik) traditionell zumindest einen Nahostfachmann aufweist. Ob mehr Nahostsachverstand zu anderen Entscheidungen geführt hätte, muss jedoch bezweifelt werden. Die politische Führung war sowieso entschlossen, einer militärischen Verwicklung konsequent aus dem Weg zu gehen. Zudem darf vermutet werden, dass die von Kommentatoren geäußerten Handlungsempfehlungen für die Fachreferenten im Kanzleramt oder dem Auswärtigen Amt wenig Neues beinhalteten. Bewusst wurde daher auf einen Punkteplan zur Lösung des Syrienkonflikts[8] für die deutsche Außenpolitik verzichtet.

Bedeutender sind die strukturellen Veränderungen, die etliche Experten zu Recht einfordern. So wird eine Reform des Bundessicherheitsrats[9] angemahnt oder die Schaffung eines „Sachverständigenrats für strategische Vorausschau“[10], um jenseits des Tagesgeschäfts langfristig über die komplexen Bedrohungen nachzudenken. Allerdings ist bislang nicht zu erkennen, dass das Kanzleramt ein Interesse hätte, auf solche Vorschläge einzugehen.

Die Zunahme und Verdichtung internationaler Krisen wird oft betont, ja fast religiös beschworen, auch um die eigene Ohnmacht zu rechtfertigen. Man ist „tief besorgt“, „erschüttert“ und fordert vehement eine „friedliche Lösung“ oder „geschlossene Reaktionen“. In den letzten Jahren bewirkte dies, trotz aller diplomatischen Bemühungen, dass unterschiedliche Krisen „bestenfalls temporär stillgelegt“[11] wurden: Ukraine, Iran, Libyen und Syrien seien hier nur beispielhaft genannt. Es sei nochmals betont, dass der Arabische Frühling nicht nur für die Bundesrepublik eine strategische Überraschung war und von vielen anderen Krisen überlagert wurde. Wenn man jedoch von zu vielen Krisen hofft, dass sie sich von allein auflösen, steigt die Wahrnehmung einer „Dauerkrise“. So verdichtet sich auch im Hinblick auf Syrien die Erkenntnis, dass Deutschland bei den großen Ordnungsfragen der internationalen Politik stets reaktiv bleibt und zu spät „zur Rettung“ eilt, wie der Außenpolitikexperte Jan Techau es formulierte.[12] Die Kultur der militärischen Zurückhaltung führt zu einer starken Diskrepanz zwischen dem im Weißbuch (2016) und anderen Strategiepapieren formulierten Anspruch, ein wichtiger Partner im globalen Krisenmanagement zu sein, und dem nur schwach ausgeprägten sicherheitspolitischen Gestaltungswillen.[13]

Wie kann man die „schlechten Ergebnisse der gut gemeinten deutschen Außenpolitik" erklären?[14] Man könnte in der Politik der Vermeidung von Kampfeinsätzen durchaus eine erfolgreiche deutsche Strategie erblicken. Haben denn die Einsätze der anderen wirklich etwas bewirkt, ließe sich fragen. Handelte es sich dabei nicht oftmals nur um Symbolpolitik mit anderen Mitteln? Im Westen lässt sich eine generelle Müdigkeit, Krisen zu lösen, konstatieren, und begonnenes Engagement scheint jedes Mal rasch zu versanden. Dies kann vor dem Hintergrund der Einsätze in Irak und Afghanistan und der dort fehlgeschlagenen Versuche des „nation building" wenig verwundern. Wenn keine Intervention der letzten Jahrzehnte – außer vielleicht im Kosovo – wirklich erfolgreich war, wieso sich nicht in Enthaltung üben? Stehen wir daher vor dem Ende des Zeitalters humanitärer Interventionen?[15] Die Zurückhaltung Obamas, und trotz allen Säbelrasselns auch der Trump-Administration, lässt die deutsche Haltung verständlicher erscheinen. Die hier vorgetragene Analyse der deutschen Außen- und Sicherheitspolitik muss daher auch im Kontext der französischen, britischen und amerikanischen Aktionen gesehen werden, und man kann mit Recht fragen, ob diese von mehr Erfolg – wie auch immer man diesen definieren mag – gekrönt waren. Einerseits haben diese Staaten einen wesentlichen Beitrag dazu geleistet, den IS zu besiegen. Andererseits standen sie dem Bürgerkrieg ohnmächtig gegenüber, und die Luftschläge haben Assad nicht von einer weiteren Nutzung von Chemiewaffen abgehalten. Handelte es sich daher um zielgerichtete militärische Symbolpolitik, die Schlimmeres verhindert hat? Oder waren die Luftangriffe vor dem Hintergrund der problematischen Rechtslage sogar verwerflich und untergruben die internationale Ordnung weiter?

Die Bundesregierung steckt in dem Dilemma, dass sich die Richtlinien ihrer Außenpolitik zuweilen widersprechen. Das „Nie wieder" als Konsequenz aus zwei Weltkriegen schließt eigentlich aus, dass Deutschland sich an Kampfeinsätzen beteiligt. Der Kosovokrieg 1999 und die Operationen in Afghanistan 2008–2011 waren Ausnahmen, die die Regel eher bestätigten, als dass sie sie auflösten: 1999 hatte das Auswärtige Amt nicht damit gerechnet, dass es zu einem Militäreinsatz kommen würde. Doch als Slobodan Milošević in dem Poker der Diplomaten hart blieb, war Deutschland bereits so sehr an seine Zusagen an die NATO gebunden, dass es sich nicht mehr wegducken konnte. Auch am Hindukusch hätte es eigentlich nie zu einem Kampfeinsatz kommen sollen. Als der Krieg in den einstmals ruhigen Norden Afghanistans zurückkehrte, konnte die Bundeswehr sich nicht mehr zurückziehen – der außenpolitische Schaden wäre immens gewesen. Der Kosovo und Afghanistan waren Betriebsunfälle, die die Bundesregierung in ihrer Haltung bestätigten, Militäreinsätze tunlichst zu vermeiden. Das Argument, sich mit dem Verweis auf die deutsche Geschichte herauszuhalten, wurde allerdings von immer weniger Alliierten akzeptiert. Zudem: Die zweite Schlussfolgerung aus der Erfahrung der Weltkriege lautete: „Nie wieder allein". Deutschland will immer im Verbund mit Partnern handeln – also im Rahmen der EU, der NATO oder der UN. Was aber tun, wenn die Partner den Einsatz von Kampftruppen für erforderlich halten? „Nie wieder allein" und „Nie wieder" schließen sich dann aus. Wie soll eine europäische Armee funktionieren, wenn Deutschland immer als unsicherer Kantonist auffällt, aktiveres Krisenmanagement ablehnt und eine gemeinsame europäische Haltung erschwert?

Deutschland – ein verlässlicher Partner, wenn es kracht und zischt? Wohl kaum. Die Bundesregierung wird in westlichen Hauptstädten nicht als militärischer Alliierter für Krisen im Nahen Osten wahrgenommen. Durch die politische und wirtschaftliche Macht bedingen sich zwei Erwartungen an Berlin: kein offener Widerspruch oder Blockadehaltung – „not doing a Schröder" wie 2003 – und finanzielle Hilfe. Die Erosion des Vertrauens konnte dadurch aber nicht aufgehalten werden. Was wenn Deutschland den Beistand der Franzosen, Briten oder Amerikaner bitter nötig haben sollte und diese lediglich einige unbewaffnete Beobachter oder Luftaufklärer schicken – dies aber mit einem moralischen Imperativ als Wundertat darstellen? Und gibt man nicht freiwillig viel „Gestaltungsmacht", die der damalige Bundespräsident Joachim Gauck 2014 auf der Münchner Sicherheitskonferenz als Ziel ausgegeben hatte, auf? Wie viel Gestaltungsmöglichkeiten hat man angesichts des materiellen und personellen Mangels in der Bundeswehr in Krisenfällen überhaupt?

Der Bundesregierung wurde auch in anderen Krisen der letzten Jahre ein schlechtes Zeugnis im Hinblick auf ihre Führungsfähigkeit ausgestellt.[16] Das Eingreifen der anderen, auch befreundeter westlicher Staaten, wird häufig mit einem erhobenen Zeigefinger und unverblümter Besserwisserei begleitet, was einen Spitzendiplomaten in Brüssel im September 2020 zu der Bezeichnung verleitete, Deutschland sei das „Besserwisser-Weichei der Weltpolitik".[17]

Und was sind die indirekten Kosten, wenn Brandherde weiter schwelen, die betroffene Bevölkerung weiter leidet, andere Mächte eingreifen und der Konflikt sich ausweitet? Wie oben skizziert stehen Deutschland und die EU bei der Nachkriegsordnung abermals in der zweiten Reihe, obwohl, wie Sigmar Gabriel bemerkte, „Europa durch die Flüchtlingsströme unmittelbar betroffen ist".[18] Dass diese wiederum zu einer Polarisierung der innenpolitischen Debatten in Deutschland und zu Konfliktpotenzial innerhalb der EU beigetragen haben, ist unbestritten. Auch wer außenpolitische Entscheidungen dem Primat der Innenpolitik folgend trifft, ist vor den Rückwirkungen auf das eigene Land und die EU nicht gefeit. Wo ist die von den nationalen Regierungen vielbeschworene EU – wo sind die Europäer in diesen Konflikten? Die Reaktionen auf die Krisen im Nahen Osten des letzten Jahrzehnts erinnern an die Apathie der westeuropäischen Staaten im Zuge der Nahostkriege 1967 und 1973. Die Mahnung Franz Josef Strauß' im Deutschen Bundestag im März 1974 erscheint geradezu tagesaktuell: „Was heißt denn europäische Politik, was heißt denn europäisches Selbstbestimmungs- und Mitbestimmungsrecht, wenn wir außer verbalen Beschwichtigungsphrasen mit Gemeinplatzcharakter nichts aufzubringen hatten, um die Ausdehnung eines Brandes vor unserer Haustüre durch unseren politischen Einfluss verhindern zu können? Was heißt da noch ‚europäische Politik'?"[19]

Nicht nur in Syrien wird die Zukunft weitestgehend von nichtwestlichen Akteuren gestaltet. In Libyen gerät der Gestaltungsspielraum der USA und der EU weiter ins Hintertreffen. Eine Untätigkeit, die dazu führen kann, dass in Europas „Nachbarschaft bald jene Mächte kalt den Ton angeben, die Europas Werten und Lebensinteressen feindselig gesinnt sind", wie unlängst Martin Jäger, Staatssekretär im BMZ, mahnte. Er forderte eine verstärkte Interventionsfähigkeit Deutschlands.[20]

Die deutsche Haltung besteht überspitzt formuliert in leeren Worthülsen und der Hoffnung, dass sich alles irgendwie von selbst lösen möge. Das Tagwerk ist getan, wenn neue Resolutionen der Verurteilung beschlossen, mit ernstem Gesicht Sorgen vorgetragen, internationale Konferenzen einberufen oder Sanktionen verabschiedet wurden. Der Prozess scheint wichtiger als das Resultat. Überraschend ambitionslos, vor allem vor dem Hintergrund der oftmals massiven finanziellen Hilfsleistungen. Das Beispiel Afghanistan ist an dieser Stelle hilfreich: Ähnlich wie der Konflikt am Hindukusch bis 2009/2010 öffentlich weitgehend unbeachtet gelassen wurde, findet die derzeitige Operation „Resolute Support" kaum Aufmerksamkeit. Eine klare Vorstellung über die Ziele des Einsatzes scheint auch in Sicherheitskreisen nicht vorhanden zu sein.[21] Nicht zufällig ist im Zuge von Debatten zu den Bundeswehreinsätzen immer wieder die Angst vor einer „Afghanisierung" der Einsätze erkennbar. Oder welche Regierungspartei diskutiert ergebnisoffen deutsche Ambitionen in der internationalen Politik und militärpolitische Themen? Die Fraktionsvorsitzenden von SPD und CDU versuchen im Gegenteil alles, um solche Debatten zu unterbinden. Eine Folge davon ist, dass sich etwa der Verteidigungsausschuss des Bundestages mit den grundlegenden Themen der Sicherheitspolitik längst nicht mehr befasst. Wieso nicht für jede Legislaturperiode eine Sicherheitsstrategie entwerfen, debattieren und erklären – wie unlängst in einem Report der Münchener Sicherheitskonferenz gefordert wurde?[22]

Ein Mangel solcher Debatten untergräbt die Akzeptanz der NATO. Den Bündnisverpflichtungen im Baltikum im Falle eines russischen Angriffs nachzukommen befürwortet nur jeder Dritte Deutsche[23], und auch in einem Konflikt zwischen der USA und China würden 77 Prozent der Bundesbürger am liebsten neutral bleiben und zuschauen.[24]

Der Unwillen nationale Sicherheitsinteressen zu definieren führt auch zu einer Scheu vor robuster Verteidigungspolitik und die Bevölkerung von der Notwendigkeit sowie dem Nutzen einer solchen zu überzeugen. Als Alternative bleiben nur der Rückzug auf finanzielle Leistungen und das Moralisieren von der Seitenlinie.[25] Dies heißt nicht, dass deutsche Soldaten bei jeder Mission in vorderster Reihe kämpfen und Berlin jede Bombardierung mittragen soll. Die Nutzung militärischer Mittel muss gerade vor dem Hintergrund der deutschen Geschichte lieber einmal zu viel als zu wenig debattiert und abgewogen werden. Permanente Kampfeinsätze sollen weder zur Norm noch zu erstrebenswerten Zielen werden. Wenn sich jedoch die Schere zwischen niedergeschriebenem politischen Anspruch und realpolitischem Handeln weiter öffnet, kann dies unabhängig von der wirtschaftlichen Bedeutung Deutschlands zu einem strukturellen außen- und sicherheitspolitischen Schaden führen. Dies würde den eigenen Einfluss auf die Entscheidungsfindung der westlichen Partner weiter verringern – und ein Handeln „der anderen" begünstigen. Bislang wird die Haltung Deutschlands von den engsten Partnern zähneknirschend hingenommen: Solange Berlin nicht offen die Politik „des Westens" obstruiert, sind diese zufrieden. Die Bundesrepublik gerät dadurch aber immer mehr in die Rolle des ungeliebten reichen Onkels, der zwar dazukommen darf, aber nur weil irgendjemand die Zeche zahlen muss.

Weiterführende Lektüre

Die beste deutschsprachige Darstellung des Syrienkonflikts ist Kristin Helbergs *Der Syrien-Krieg. Lösung eines Weltkonflikts* (Freiburg: Herder, 2018). Zwei online verfügbare Analysen der deutschen Syrienpolitik und der Beteiligung am Anti-IS-Einsatz stellen eine gute Einführung dar: Sebastian Maier und Bruno Schmidt-Feuerheerd, *Germany's Foreign and Security Policy in Syria and Iraq, 2011–2016* (King Faisal Center for Research and Islamic Studies, 2016) und Justyna Gotkowska und Kamil Frymark, *Germany's engagement in the resolution of the Syrian conflict* (OSW Centre for Eastern Studies, Commentary Number 194). Die beste englischsprachige Darstellung des Krieges hat nun in zweiter Auflage Christopher Phillips vorgelegt. Sein *The Battle for Syria. International Rivalry in the New Middle East* (New Haven: Yale University Press, 2020) sollte die Grundlage jeder seriösen wissenschaftlichen Analyse bilden. Ebenso der unlängst veröffentlichte Sammelband *The War for Syria. Regional and International Dimensions of the Syrian Uprising*, herausgegeben von Raymond Hinnebusch und Adham Saouli (London: Routledge, 2020).

Die Entwicklung der deutschen Außen- und Sicherheitspolitik ist Gegenstand vieler Publikationen. Aus dieser Masse stechen besonders die jüngsten Studien von Stephan Bierling, *Vormacht wider Willen. Deutsche Außenpolitik von der Wiedervereinigung bis zur Gegenwart* (München: Beck, 2014) und Stefan Fröhlich, *Das Ende der Selbstfesselung. Deutsche Außenpolitik in einer Welt ohne Führung* (Wiesbaden: Springer, 2019) hervor.

Eine konzise Darstellung der neueren deutschen Nahostpolitik steht noch aus. Einen guten Überblick bietet Rolf Steininger, *Deutschland und der Nahe Osten. Von Kaiser Wilhelms Orientreise 1898 bis zur Gegen-*

wart (München: Lau, 2015). Zu den Umbrüchen im Nahen Osten im Zuge des Arabischen Frühlings siehe Volker Perthes, *Das Ende des Nahen Ostens, wie wir ihn kennen* (Berlin: Suhrkamp, 2015) und Rainer Hermann, *Arabisches Beben. Die wahren Gründe der Krise im Nahen Osten* (Stuttgart: Klett Cotta, 2019).

Abkürzungsverzeichnis

AFISMA	African-led International Support Mission to Mali
AWACS	Airborne Early Warning and Control System
BMZ	Bundesministerium für wirtschaftliche Zusammenarbeit und Entwicklung
FSA	Freie Syrische Armee
GCC	Golfkooperationsrat (englisch: Gulf Cooperation Council)
GIZ	Deutsche Gesellschaft für Internationale Zusammenarbeit
IS	„Islamischer Staat“
ISSG	International Syria Support Group
KRG	Autonome Region Kurdistans (englisch: Kurdistan Regional Government)
KSZE	Konferenz über Sicherheit und Zusammenarbeit in Europa
KTCC	Kurdistan Training Coordination Centers
MILAN	leichte Infanterie-Panzerabwehrrakete (französisch: Missile d'Infanterie léger antichar)
NATO	Nordatlantikpakt (englisch: North Atlantic Treaty Organization)
OIR	Operation Inherent Resolve
OPCW	Organisation für das Verbot chemischer Waffen (englisch: Organization for the Prohibition of Chemical Weapons)
SDF	Demokratische Kräfte Syriens (englisch: Syrian Democratic Forces)
UNIFIL	United Nations Interim Force in Lebanon
UNSMIS	United Nations Supervision Mission in Syria
YPG	„Volksverteidigungseinheiten“, kurdische Miliz

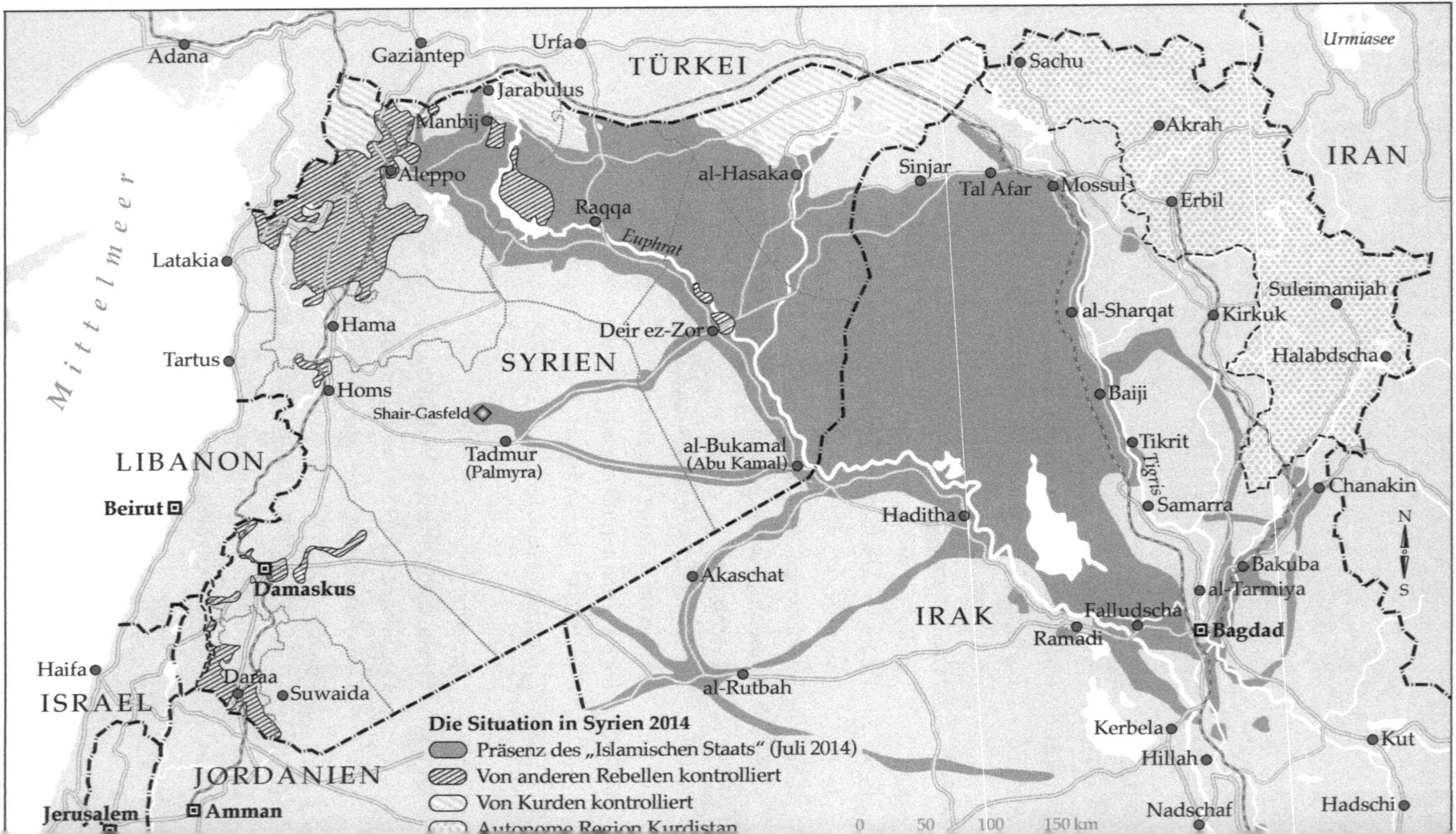
Die Situation in Syrien 2014
Präsenz des „Islamischen Staats“ (Juli 2014)
Von anderen Rebellen kontrolliert
Von Kurden kontrolliert
Autonome Region Kurdistan
0 50 100 150 km
N
S
TÜRKEI
IRAN
SYRIEN
IRAK
LIBANON
ISRAEL
JORDANIEN
Mittelmeer
Urmiasee
Euphrat
Tigris
Adana
Gaziantep
Urfa
Jarabulus
Manbij
Aleppo
Raqqa
al-Hasaka
Sinjar
Tal Afar
Mossul
Sachu
Akrah
Erbil
Kirkuk
Suleimanijah
Halabdscha
al-Sharqat
Baiji
Tikrit
Samarra
Chanakin
Bakuba
al-Tarmiya
Bagdad
Falludscha
Ramadi
Kerbela
Hillah
Kut
Hadschi
Nadschaf
Haditha
Akaschat
al-Rutbah
al-Bukamal
(Abu Kamal)
Deir ez-Zor
Tadmur
(Palmyra)
Shair-Gasfeld
Latakia
Hama
Tartus
Homs
Beirut
Damaskus
Haifa
Daraa
Suwaida
Jerusalem
Amman

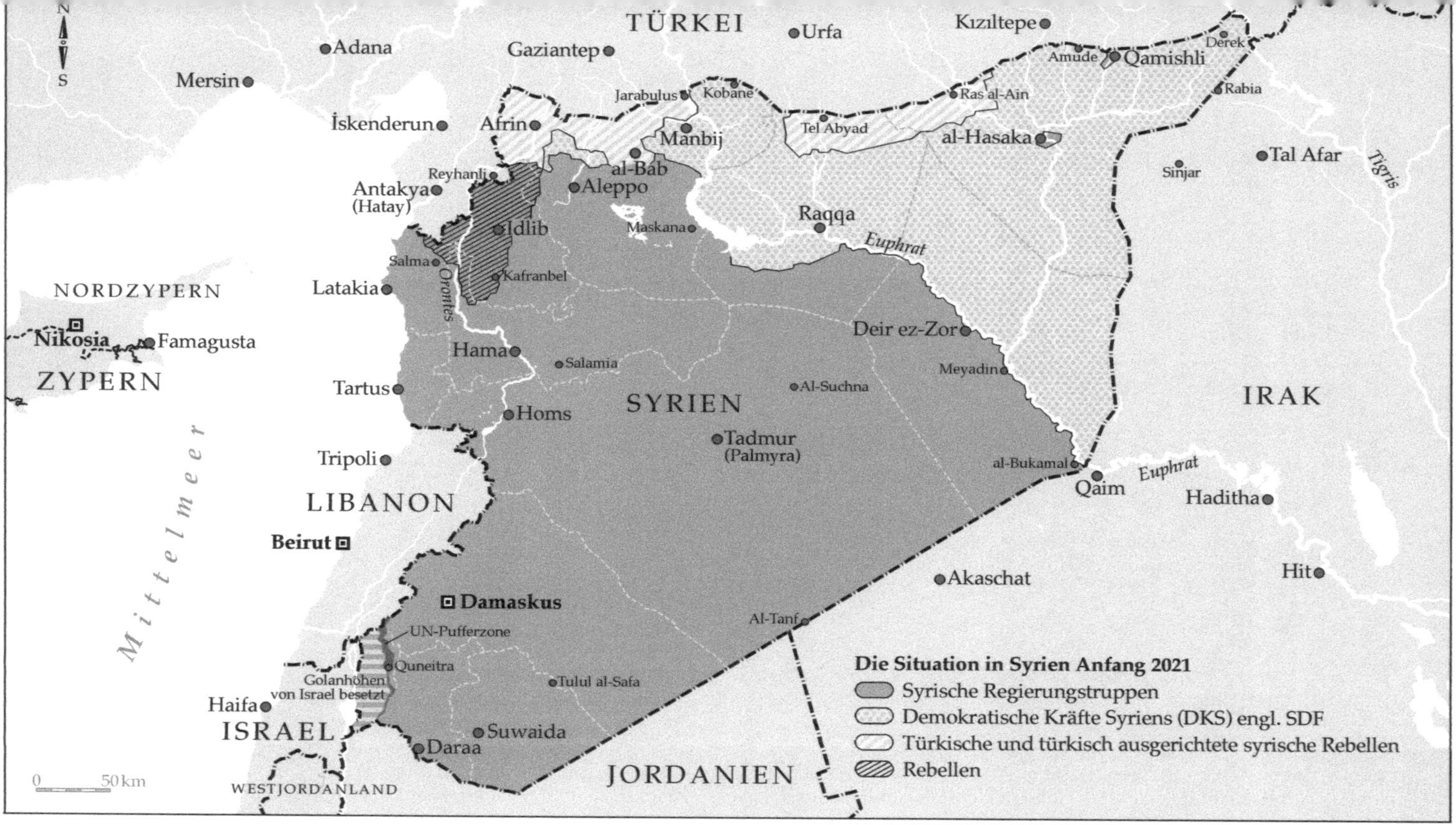
TÜRKEI
Adana
Mersin
Gaziantep
Urfa
Kızıltepe
Derek
Amude
Qamishli
Rabia
Jarabulus
Kobane
Ras al-Ain
İskenderun
Afrin
Tel Abyad
Manbij
al-Hasaka
al-Bab
Tal Afar
Sinjar
Tigris
Reyhanli
Antakya
(Hatay)
Aleppo
Idlib
Maskana
Raqqa
Euphrat
Salma
Kafranbel
Orontes
NORDZYPERN
Latakia
Nikosia
Famagusta
ZYPERN
Deir ez-Zor
Hama
Salamia
Meyadin
Tartus
Al-Suchna
SYRIEN
IRAK
Homs
Tadmur
(Palmyra)
Tripoli
al-Bukamal
Qaim
Euphrat
Haditha
LIBANON
Mittelmeer
Beirut
Akaschat
Hit
Damaskus
Al-Tanf
UN-Pufferzone
Quneitra
Golanhöhen
von Israel besetzt
Tulul al-Safa
Haifa
ISRAEL
Suwaida
Daraa
JORDANIEN
WESTJORDANLAND
0 50 km
Die Situation in Syrien Anfang 2021
Syrische Regierungstruppen
Demokratische Kräfte Syriens (DKS) engl. SDF
Türkische und türkisch ausgerichtete syrische Rebellen
Rebellen

Anmerkungen

1. Einleitung

1 Zitiert in Carlo Masala, Weltunordnung. Die globalen Krisen und das Versagen des Westens, München 2016, S. 9f.

2 Hanns W. Maull, Deutschland als Zivilmacht, in: Siegmar Schmidt, Gunther Hellmann und Reinhard Wolf (Hrsg.), Handbuch zur deutschen Außenpolitik, Wiesbaden 2007, S. 73–84.

3 Stephan Bierling, Vormacht wider Willen. Deutsche Außenpolitik von der Wiedervereinigung bis zur Gegenwart, München 2014.

4 Leon Mangasarian und Jan Techau, Führungsmacht Deutschland. Strategie ohne Angst und Anmaßung, München 2017.

5 Eric Gujer, Schluss mit der Heuchelei. Deutschland ist eine Großmacht, Hamburg 2007.

6 Simon Bulmer und William E. Paterson, Germany and the European Union. Europe's Reluctant Hegemon?, London 2019.

7 Vgl. auch Hans Kundnani, The Paradox of German Power, Oxford 2014; Heiko Biehl, Bastian Giegerich und Alexandra Jonas (Hrsg.), Strategic Cultures in Europe, Security and Defence Policies Across the Continent, Wiesbaden 2013.

8 Stefan Fröhlich, Das Ende der Selbstfesselung. Deutsche Außenpolitik in einer Welt ohne Führung, Wiesbaden 2019; Stefan Fröhlich, Deutschlands neuer außenpolitischer Pragmatismus, in: *SIRIUS – Zeitschrift für Strategische Analysen* 4:3 (2020), S. 346–353.

9 Michael Lüders, Die den Sturm ernten, München 2017.

10 Kristin Helberg, Der Syrien-Krieg. Lösung eines Weltkonflikts, Freiburg 2018, S. 12.

11 Sebastian Maier und Bruno Schmidt-Feuerheerd, Germany's Foreign and Security Policy in Syria and Iraq, 2011–2016, King Faisal Center for Research and Islamic Studies, 2016; vgl. auch Justyna Gotkowska und Kamil Frymark, Germany's engagement in the resolution of the Syrian conflict, OSW Centre for Eastern Studies, Commentary Number 194, 25.01.2016.

12 Vgl. hierzu die Veröffentlichungen in *S + F Sicherheit und Frieden, Zeitschrift für Außen- und Sicherheitspolitik* (ZfAS), *Zeitschrift für Internationale Beziehungen (ZIB), Zeitschrift für Politikwissenschaft (ZPol). S + F* widmete dem Konflikt 2018 einen sechsseitigen Essay, der in eine sehr theoretische Abhandlung mündete, siehe Walter Feichtinger und Jasmina Rupp, Hotspot Syrien – konflikttheoretische und -analytische Betrachtungen, in: *S + F Sicherheit und Frieden* 36:1 (2018), S. 7–13. Die *Zeitschrift für Politikwissenschaft* griff die deutschen Waffenlieferungen an die Peschmerga auf: Bernhard Stahl, Verantwortung – welche Verantwortung? Der deutsche Verantwortungsdiskurs und die Waffenlieferungen an die Peschmerga, in: *Zeitschrift für Politikwissenschaft* 27 (2017), S. 437–471. Die ZfAS behandelte den Konflikt in einer Jubiläumsausgabe auf acht Seiten, vgl. Marcel Pott, Der syrische Konflikt in seiner lokalen, regionalen und internationalen Dimension, in: *ZfAS* 11 (2018), S. 611–619. *SIRIUS – Zeitschrift für Strategische Analysen* erscheint seit 2017 und hat den Krieg in Syrien häufiger thematisiert, allerdings auch ohne Schwerpunkt auf die deutsche Haltung.

13 Hierzu einige Ansätze in Nicole Koenig, Germany's Role in Libya and Syria: From Restraint to Responsibility, in: Niklas Helwig (Hrsg.), Europe's New Political Engine – Germany's Role in the EU's Foreign and Security Policy, Helsinki 2016, S. 93–108.

14 Gregor Hoffmann, Politische Bekenntnisse ohne Folgen. Die deutsche Politik und die zögerliche Umsetzung der internationalen Schutzverantwortung, in: *HSFK-Standpunkte* 6 (2013).

15 Vgl. hierzu grundlegend Thomas Jäger, Alexander Höse und Kai Oppermann (Hrsg.), Deutsche Außenpolitik. Sicherheit, Wohlfahrt, Institutionen und Normen, Wiesbaden 2007.

16 Thomas de Maizière hatte den Posten vom 3. März 2011 an inne, bis er am 17. Dezember 2013 zum Bundesinnenminister ernannt wurde und Ursula von der Leyen ihm nachfolgte. Annegret Kramp-Karrenbauer übernahm dieses Amt von ihrer Vorgängerin am 17. Juli 2019.

17 Dirk Niebel (28.10.2009–17.12.2013) und Gerd Müller seit dem 17. Dezember 2013.

18 Im englischen Sprachraum lag lange Zeit der publizistische Schwerpunkt – wie auch in Deutschland – auf dem sogenannten Islamischen Staat, aber erste wissenschaftliche Werke geben einen guten Einblick in den Konflikt. Vgl. hierzu Helberg, Syrien-Krieg; Nikolaos van Dam, Destroying a Nation. The Civil War in Syria, London 2017; Raymond Hinnebusch und Adham Saouli (Hrsg.), The War for Syria. Regional and International Dimensions of the Syrian Uprising, London 2020; Christopher Phillips, The Battle for Syria. International Rivalry and the New

Middle East, New Haven 2020; Emile Hokayem, Syria's Uprising and the Fracturing of the Levant, London 2013; Sam Dagher, Assad or We Burn this Country. How one Family's Lust for Power Destroyed Syria, New York 2019; John McHugo, Syria. A Recent History, London 2015; Gerhard Schweizer, Syrien verstehen: Geschichte, Gesellschaft und Religion, Stuttgart 2015; Marc Lynch, The New Arab Wars. Uprisings and Anarchy in the Middle East, New York 2016; Volker Perthes, Das Ende des Nahen Ostens, wie wir ihn kennen, Berlin 2015; Rainer Hermann, Arabisches Beben. Die wahren Gründe der Krise im Nahen Osten, Stuttgart 2019; Marcel Pott, Der Kampf um die arabische Seele. Der steinige Weg zur islamischen Demokratie, Köln 2012; Carsten Wieland, Syria. A Decade of Lost Chances. Repression and Revolution from Damascus Spring to Arab Spring, Seattle 2012.

19 Vgl. etwa bei Franz-Josef Meiers, „Made in Berlin": Wohin steuert die deutsche Außen- und Sicherheitspolitik, in: *Zeitschrift für Außen- und Sicherheitspolitik* 4 (2011), S. 669–692.

20 Christopher Daase, Die Innenpolitik der Außenpolitik. Eine Bilanz der Außen- und Sicherheitspolitik der Schwarz-gelben Koalition 2009–2013, in: Reimut Zohlnhöfer und Thomas Saalfeld (Hrsg.), Politik im Schatten der Krise. Eine Bilanz der Regierung Merkel 2009–2013, Wiesbaden 2015, S. 555–576, hier v. a. S. 557f.

21 Ebd., S. 575. Zu diesem Konzept siehe auch Christopher Daase und Julian Junk, Netzwerke der Sicherheit. Überlegungen zum Umbau demokratischer Sicherheitspolitik, in: *S+F Sicherheit und Frieden* 30:2 (2012), S. 94–100.

22 Richard N. Haass, War of Necessity, War of Choice, New York 2009.

23 Stefan Kornelius, Angela Merkel. Die Kanzlerin und ihre Welt, Hamburg 2013, S. 115. Auf die Rolle der Bundestagsfraktionen und des Bundesverfassungsgerichts sei zudem hingewiesen, vgl. Sebastian Harnisch, Die Außen- und Sicherheitspolitik der Regierung Merkel. Eine liberale Analyse der Großen Koalition, in: *ZfAS* 3 (2010), S. 59–83.

24 Udo Zolleis, Auf die Kanzlerin kommt es an. Die CDU unter Angela Merkel, in: Reimut Zohlnhöfer und Thomas Saalfeld (Hrsg.), Politik im Schatten der Krise. Eine Bilanz der Regierung Merkel 2009–2013, Wiesbaden 2015, S. 73–91, hier S. 76.

25 Kornelius, Merkel, S. 128.

26 Nikolaus Blome, Angela Merkel. Die Zauder-Künstlerin, München 2013, S. 51–58; Kornelius, Merkel, S. 256.

27 Karl-Rudolf Korte, Präsidentielles Zaudern. Der Regierungsstil von Angela Merkel in der Großen Koalition 2005–2009, in: Sebastian Bukow

und Wenke Seemann (Hrsg.), Die Große Koalition. Regierung – Politik – Parteien 2005–2009, Wiesbaden 2010, S. 102–119.

28 Blome, Merkel, S. 32–36, 65.

29 Kornelius, Merkel, S. 155.

30 Tom Dyson, Deutsche Verteidigungspolitik in der zweiten Legislaturperiode von Kanzlerin Merkel, in: Reimut Zohlnhöfer und Thomas Saalfeld (Hrsg.), Politik im Schatten der Krise. Eine Bilanz der Regierung Merkel 2009–2013, Wiesbaden 2015, S. 605–624, zitiert auf S. 605. Siehe auch Judy Dempsey, Das Phänomen Merkel. Deutschlands Macht und Möglichkeiten, Hamburg 2013, S. 106–124.

31 Wikileaks, Public Library of US Diplomacy (PlusD), 09Berlin594_a, FDP and Westerwelle can almost Taste Power after eleven Years at Political Sea, 20.05.2009, https://search.wikileaks.org/plusd/cables/09BERLIN594_a.html, abgerufen 12.05.2020.

32 Vgl. das resümierende Interview: In meiner Amtszeit war deutsche Außenpolitik Friedenspolitik, *Tagesspiegel*, 15.12.2013, http://www.tagesspiegel.de/politik/guido-westerwelle-im-interview-in-meiner-amtszeit-war-deutsche-aussenpolitik-friedenspolitik/9218714.html, abgerufen 13.12.2020.

33 Wikileaks, PlusD, 09Berlin1176_a, Merkel vs. Steinmeier? What do the German Elections really Mean for US Interests?, 22.09.2009, https://search.wikileaks.org/plusd/cables/09BERLIN1176_a.html, abgerufen 12.09.2020.

34 Matthias Gebauer, Staatengemeinschaft droht Assad mit Waffenlieferungen, *Spiegel Online*, 22.05.2013, http://www.spiegel.de/politik/ausland/staatengemeinschaft-droht-syriens-assad-mit-waffenlieferungen-a-901357.html, abgerufen 18.01.2020.

35 Guido Westerwelle hatte gegen eine deutsche Beteiligung an der UN-Mission im Libanon gestimmt – aus Bedenken vor möglichen Zusammenstößen mit israelischen Soldaten und um eine Aura von Nichteinmischung im Nahen Osten zu wahren.

36 Syrien fungierte als Einfallstor für ausländische Dschihadisten, die im Irak gegen die amerikanischen Truppen kämpfen wollten, und wurde von Washington daher sehr argwöhnisch betrachtet.

37 Francesco Cavatorta und Pierre-Michel Turcotte, The European Union and Syria: From Constructive Engagement to Marginalization and Back?, in: Hinnebusch und Saouli (Hrsg.), The War for Syria, S. 261–276.

38 Sebastian Kohlmann, Frank-Walter Steinmeier. Eine politische Biographie, Bielefeld 2017, S. 522f.

39 Kohlmann, Steinmeier, S. 542.

40 Ebd., S. 564f.

2. Der Arabische Frühling und die Intervention in Libyen 2011

1 Khair El-Din Haseeb, The Arab Spring Revisited, in: *Contemporary Arab Affairs* 5:2 (2012), S. 185–197, hier S. 185f.

2 Für eine akademische Selbstreflexion vgl. generell F. Gregory Gause III, Why Middle East Studies Missed the Arab Spring, in: *Foreign Affairs* 90:4 (2011), S. 81–90.

3 Haseeb, The Arab Spring Revisited, S. 195f.

4 Hooshang Amirahmadi und Kaveh Afrasiabi, The West's Silence over Bahrain Smacks of Double Standards, *The Guardian*, 29.04.2011, https://www.theguardian.com/commentisfree/2011/apr/29/bahrain-saudi-arabia-iran-west, abgerufen 27.02.2020.

5 Die Vereinigten Arabischen Emirate drohten unverhohlen damit, ihre Beteiligung zu beenden, wenn die amerikanische Verurteilung der Geschehnisse in Bahrain weiterginge, vgl. Hillary Clinton, Hard Choices, New York 2014, S. 373.

6 Mohammed Nuruzzaman, Politics, Economics and Saudi Military Intervention in Bahrain, in: *Journal of Contemporary Asia* 43:2 (2013), S. 363–378.

7 Ebd., S. 290.

8 Daniel Byman, Explaining the Western Response to the Arab Spring, in: *Journal of Strategic Studies* 36:2 (2013), S. 289–320, hier S. 290.

9 Rolf Steininger, Deutschland und der Nahe Osten. Von Kaiser Wilhelms Orientreise 1898 bis zur Gegenwart, München 2015, S. 41.

10 Niels Hansen, Aus dem Schatten der Katastrophe. Die deutsch-israelischen Beziehungen in der Ära Konrad Adenauer und David Ben Gurion, Düsseldorf 2002.

11 Steininger, Deutschland und der Nahe Osten, S. 217.

12 Gregor Schöllgen, Deutsche Außenpolitik. Von 1945 bis zur Gegenwart, München 2013, S. 314.

13 Bierling, Vormacht wider Willen, S. 97–106.

14 Kornelius, Merkel, S. 131.

15 Ebd., S. 133.

16 Ebd., S. 104.

17 Ebd., S. 193.

18 Vgl. hierzu Guido Steinberg, Deutschland und die Diktatoren. Berlins Politik gegenüber der arabischen Welt ist korrekturbedürftig, in: *Internationale Politik* 1 (2013), S. 35–41.

19 Edmund Ratka, Germany and the Arab Spring – Foreign Policy between New Activism and Old Habits, in: *German Politics and Society* 30:2 (2012), S. 59–74.

20 Die deutsche Enthaltung im Sicherheitsrat war wiederholt Gegenstand kritischer Analysen, vgl. z. B. Lothar Rühl, Deutschland und der Libyenkrieg, in: *ZfAS* 4 (2011), S. 561–571; Sarah Brockmeier, Germany and the Intervention in Libya, in: *Survival* 55:6 (2013), S. 63–90; Alister Miskimmon, German Foreign Policy and the Libya Crisis, in: *German Politics* 21:4 (2012), S. 392–410.

21 Christian Hacke, Deutschland und der Libyen-Konflikt: Zivilmacht ohne Zivilcourage, in: *APuZ* 61:39 (2011), S. 50–53, hier S. 53.

22 Kornelius, Merkel, S. 171.

23 Stephen F. Szabo, Vom potenziellen Führungspartner zur „Nein-Nation." Deutschlands neue Außenpolitik aus einem Washingtoner Blickwinkel, in: *ZfAS* 8 (2015), S. 437–450.

24 Reguläre Wahlen in Sachsen-Anhalt, Rheinland-Pfalz, Baden-Württemberg, Bremen, Mecklenburg-Vorpommern und Berlin sowie vorgezogene Neuwahlen in Hamburg.

25 Deutschlandtrend 4/11, *Infratest dimap*, 13.04.2011, http://www.infratest-dimap.de/de/umfragen-analysen/bundesweit/umfragen/aktuell/mehrheit-der-deutschen-gegen-aufnahme-von-fluechtlingen-aus-nordafrika; 62 % der Deutschen für Militärschlag, *Welt*, 20.03.2011, http://www.welt.de/politik/deutschland/article12893939/62-Prozent-der-Deutschen-fuer-Militaerschlag.html, beide abgerufen 27.01.2020.

26 Severin Weiland, Der Vielgescholtene, *Spiegel Online*, 18.03.2016, http://www.spiegel.de/politik/deutschland/westerwelle-gestorben-sein-aussenpolitisches-dilemma-a-1083152.html, abgerufen 10.02.2020.

27 Robert Glawe, Kehrtwende auf dem geflügelten Pferd, *LTO*, 23.09.2015, https://www.lto.de/recht/hintergruende/h/bverfg-urteil-2bve611-bundeswehr-operation-parlamentsvorbehalt-militeareinsatz/, abgerufen 09.10.2020.

28 Matthias Gebauer, Riskante Rettungsmission hinter feindlichen Linien, *Der Spiegel*, 28.02.2011, https://www.spiegel.de/politik/ausland/bundeswehroperation-nafurah-riskante-rettungsmission-hinter-feindlichen-linien-a-748020.html, abgerufen 27.08.2020.

29 Fredrik Doeser, Strategic Culture, Domestic Politics, and Foreign Policy. Finland's Decision to Refrain from Operation Unified Protector, in: *Foreign Policy Analysis* 13:3 (2017), S. 741–759.

30 Vgl. Westerwelle vollzieht Kehrtwende bei Nato-Militäreinsatz, *SZ*, 28.08.2011, http://www.sueddeutsche.de/politik/die-deutschen-und-der-krieg-in-libyen-westerwelle-vollzieht-kehrtwende-bei-nato-militaereinsatz-1.1135764, abgerufen 08.02.2020.

31 Vgl. z. B. Florence Gaub, A Libyan Recipe for Disaster, in: *Survival* 56:1 (2014), S. 101–120, hier S. 115.

32 Gerade im Hinblick auf Russland ist die Frage, inwieweit der Resolutionstext bereits implizit Maßnahmen bis zum „regime change" erkennen und offenließ, mehrfach behandelt worden. Ein interessantes Argument unter Bezugnahme auf Sergei Lawrows UN-Erfahrung findet sich in Clinton, Hard Choices, S. 371f.
33 Zur russischen Haltung vgl. Roy Allison, Russia, the West, and Military Intervention, Oxford 2013, S. 188–203; Dmitri Trenin, What is Russia up to in the Middle East?, Cambridge 2018, S. 44–47.
34 Christian Tomuschat, Die Rechtmäßigkeit der Resolution 1973 (2011) des UN-Sicherheitsrates, in: Gerhard Beestermöller (Hrsg.), Libyen. Missbrauch der Responsibility to Protect?, Baden-Baden 2014, S. 24–27.
35 Alan J. Kuperman, A Model Humanitarian Intervention? Reassessing NATO's Libya Campaign, in: *International Security* 38:1 (2013), S. 105–136, hier S. 128–131.
36 Vgl. hierzu den kritischen Beitrag von Susanna D. Wing, French Intervention in Mali: Strategic Alliances, long-term Regional Presence?, in: *Small Wars & Insurgencies* 27:1 (2016), S. 59–80.
37 Hanns W. Maull, Deutsche Außenpolitik – Verantwortung und Macht, in: *ZfAS* 8 (2015), S. 213–237, zitiert auf S. 222.
38 Am 25. April 2013 wurde durch die UN-Sicherheitsratresolution 2100 die „Multidimensional Integrated Stabilization Mission in Mali" (MINUSMA) eingerichtet, in die die deutsche AFISMA-Unterstützung am 27. Juni 2013 übertragen wurde. Berlin beteiligte sich ebenso an der primär polizeilich und bürokratischen Ausbildungsmission der EU („European Training Mission Mali", EUTM).
39 Rein juristisch gesehen erfolgte die Luftbetankung nur für französische Operationen innerhalb der AFISMA Mission, da Berlin die Operation „Serval" völkerrechtlich als kritisch einstufte.

3. Deutschland und der Beginn des Syrienkonflikts

1 Van Dam, Destroying, S. 54, 64.
2 Phillips, Battle for Syria, S. 64f. Zur Einschätzung, dass in Krisenzeiten die Arbeitsebene schnell reaktiv mit reiner Konfliktbewältigung und taktischen Alltagsfragen vollends beschäftigt sei und keine Zeit habe, eine „ausdifferenzierte Strategie und ein kohärentes Konzept für den Umgang mit den Staaten des Nahen und Mittleren Ostens zu entwickeln", siehe Sebastian Sons, Auf Sand gebaut. Saudi-Arabien – Ein problematischer Verbündeter, Berlin 2016, S. 200.
3 Vgl. hierzu ausführlich van Dam, Destroying, S. 66f.

4 Jörg Armbruster, Brennpunkt Nahost. Die Zerstörung Syriens und das Versagen des Westens, Bonn 2013, S. 9.
5 Phillips, Battle for Syria, S. 78.
6 Nada Bakri, Crowds in Syria Attack U.S. and French Embassies, *The New York Times*, 11.07.2011, http://www.nytimes.com/2011/07/12/world/middleeast/12syria.html, abgerufen 11.01.2020.
7 James Barr, Once Upon a Time, America Needed Syria, *Foreign Policy*, 18.09.2018, https://foreignpolicy.com/2018/09/18/once-upon-a-time-america-needed-syria/, abgerufen 20.09.2020. Zur Kolonialzeit vgl. Schweizer, Syrien, S. 270–276.
8 Van Dam, Destroying, S. 170.
9 Koenig, Germany's Role, S. 101f.
10 Ebd., S. 102.
11 Westerwelle: Keine Zukunft für Assad, *FAZ*, 06.08.2011, http://www.faz.net/aktuell/politik/ausland/naher-osten/syrien-westerwelle-keine-zukunft-fuer-assad-11104952.html, abgerufen 10.01.2020.
12 Ben Rhodes, Im Weißen Haus. Die Jahre mit Barack Obama, München 2019, S. 222.
13 Die auch von israelischen Stellen geteilt worden war, vgl. Phillips, Battle for Syria, S. 268.
14 Rhodes, Weißen Haus, S. 223f.
15 Phillips, Battle for Syria, S. 81; Lüders, Sturm, S. 11.
16 Phillips, Battle for Syria, S. 76–79.
17 Die rund zwei Millionen alawitischen Syrer haben überproportionale Opferzahlen zu beklagen. Kristin Helberg bezifferte die gefallenen alawitischen Männer 2018 auf mindestens 70 000, vgl. Helberg, Syrien-Krieg, S. 73.
18 Zur Struktur des Regimes vgl. Helberg, Syrien-Krieg, S. 17–48.
19 Helberg, Syrien-Krieg, S. 171f.
20 Van Dam, Destroying, S. 66.
21 Phillips, Battle for Syria, S. 64.
22 Siehe hierzu auch die Einschätzung in Clinton, Hard Choices, S. 448.
23 Siehe hierzu van Dam, Destroying, S. 77f.
24 Phillips, Battle for Syria, S. 66, 84.
25 Ebd., S. 82.
26 Ebd., S. 113.
27 Am ausführlichsten behandelt sind diese Entwicklungen und Hintergründe in Phillips, Battle for Syria, S. 25–39, 60–74.
28 Van Dam, Destroying, S. 76.
29 Michael Thumann, Der Machtkampf geht weiter, in: *Internationale Politik* 5 (2012), S. 76–79.

30 Mehran Kamrava, The Arab Spring and the Saudi-Led Counterrevolution, in: *Orbis* 56:1 (2012), S. 96–104.
31 Sons, Auf Sand, S. 131.
32 Peter Jones, Hope and Disappointment: Iran and the Arab Spring, in: *Survival* 55:4 (2013), S. 73–84. Grundlegend zum iranischen Eingreifen Jubin M. Goodarzi, Iran and the Syrian Civil War, in: Hinnebusch und Saouli (Hrsg.), The War for Syria, S. 138–155.
33 Jubin M. Goodarzi, Syria and Iran. Diplomatic Alliance and Power Politics in the Middle East, London 2006, S. 2.
34 Erste Berichte über Waffenlieferungen konnten in der zweiten Jahreshälfte bestätigt werden, vgl. W. Andrew Terrill, Iran's Strategy for Saving Assad, in: *Middle East Journal* 69:2 (2015), S. 222–236, hier S. 229.
35 Nadav Pollak, The Transformation of Hezbollah by Its Involvement in Syria, Research Notes, The Washington Institute for Near East Policy 35 (2016); Adham Saouli, Hizbollah's Intervention in Syria: Causes and Consequences, in: Hinnebusch und Saouli (Hrsg.), The War for Syria, S. 69–85.
36 Trenin, Russia, S. 42f.
37 Putin verkaufte keine Iskander-E-Kurzstreckenraketen an Damaskus, da sie mit einer Reichweite von bis zu 300 Kilometer fast alle Ziele in Israel erreichen konnten.
38 Die Marinebasis war in den 2000er Jahren weitgehend verwaist, aber nach dem Georgienkrieg 2008 plante Moskau eine Modernisierung bis 2020, vgl. Trenin, Russia, S. 48, 56.
39 Zu Putins Balanceakt in der Region vgl. Ilya Bourtman, Putin and Russia's Middle Eastern Policy, in: *Middle East Review of International Affairs* 10:2 (2006), S. 1–15.
40 Vgl. ausführlich Trenin, Russia, S. 40–45; Daria Vorobyeva, Russian Foreign Policy in the Early Syrian Conflict: Traditional Factors and the Role of Syrian in the Kremlin's Wider Domestic and International Goals, in: Hinnebusch und Saouli (Hrsg.), The War for Syria, S. 228–244.
41 Phillips, Battle for Syria, S. 70–75.
42 Ein guter Überblick über die unzähligen Rebellengruppen findet sich in Guido Steinberg, Kalifat des Schreckens. IS und die Bedrohung durch den islamistischen Terror, Berlin 2015, S. 82–90.
43 Kristian Coates Ulrichsen, Qatar and the Arab Spring, Oxford 2014, S. 131–144.
44 Helberg, Syrien-Krieg, S. 158.
45 Für eine detaillierte Beschreibung dieser unterschiedlichen Alltagsrealitäten und daraus resultierenden Haltungen siehe Helberg, Syrien-Krieg, S. 59–112.

46 Ebd., S. 105f.

47 David E. Cunningham, Blocking Resolution: How External States Can Prolong Civil Wars, in: *Journal of Peace Research* 47:2 (2010), S. 115–127.

48 Phillips, Battle for Syria, S. 88–92.

49 Berlin unterstützt neue Syrien-Mission, *FAZ*, 09.02.2012, http://www.faz.net/aktuell/politik/un-und-arabische-liga-berlin-unterstuetzt-neue-syrien-mission-11643191.html, abgerufen 10.12.2020.

50 Keine Beteiligung Deutschlands an einer UN-Mission, *Focus Online*, 14.02.2012, https://www.focus.de/politik/ausland/krise-in-der-arabischen-welt/syrien/uebergang-zur-demokratie-in-syrien-usa-und-grossbritannien-wollen-eng-zusammenarbeiten_aid_713778.html, abgerufen 11.12.2020.

51 Russland soll Annan gegenüber gar die Bereitschaft bekundet haben, einem „geordneten" Übergang auf eine neue Regierung zuzustimmen, vgl. Clinton, Hard Choices, S. 456.

52 Westerwelle fordert Putin zum Einlenken auf, *Zeit Online*, 04.06.2012, http://www.zeit.de/politik/ausland/2012-06/syrien-westerwelle-putin, abgerufen 14.12.2017.

53 Deutschland schickt bis zu zehn Beobachter nach Syrien, *Tagesspiegel*, 16.05.2012, http://www.tagesspiegel.de/politik/un-beobachtermission-deutschland-schickt-bis-zu-zehn-beobachter-nach-syrien/6640028.html, abgerufen 28.08.2020. Ein deutscher Offizier war bereits seit einigen Wochen im militärischen Stab der UN vor Ort (also nicht Teil der von Deutschland angedachten Beobachter), vgl. Thomas Wiegold, Deutscher Offizier in UN-Beobachtertruppe in Syrien, *Augen geradeaus*, 10.05.2012, http://augengeradeaus.net/2012/05/deutscher-offizier-in-un-beobachtertruppe-in-syrien-2/, abgerufen 17.09.2020.

54 Berlin schickt nun doch Militärbeobachter, *Frankfurter Neue Presse*, 16.05.2012, http://www.fnp.de/nachrichten/politik/Berlin-schickt-nun-doch-Militaerbeobachter-nach-Syrien;art673,344078, abgerufen 14.09.2020.

55 Ulrike Demmer, Deutschland schickt Militärbeobachter nach Syrien, *Spiegel Online*, 08.05.2012, http://www.spiegel.de/politik/deutschland/deutschland-sendet-militaerbeobachter-nach-syrien-a-832086.html, abgerufen 15.09.2020.

56 Gespräche über Entsendung deutscher Soldaten, *Tagesspiegel*, 09.05.2012, http://www.tagesspiegel.de/politik/beteiligung-an-syrien-mission-gespraeche-ueber-entsendung-deutscher-soldaten/6612234.html, abgerufen 13.09.2020.

57 Elisabeth Schöndorf, Der VN-Einsatz in Syrien, SWP-Aktuell 27 (2012).

58 Siria: Arrivano gli osservatori Italiani, *TG1.rai*, 11.05.2012, http://www.tg1.rai.it/dl/tg1/2010/articoli/ContentItem-a867a41d-face-490d-8916-8f60c830caf6.html?p=1, abgerufen 21.01.2020.

59 Thomas Wiegold, Langsam den Wirkbetrieb wieder aufnehmen, *Augen geradeaus*, 09.12.2012, http://augengeradeaus.net/2012/05/09/, abgerufen 18.09.2020.

60 Von der Leyen für Blauhelm-Einsatz, *Handelsblatt*, 16.04.2017, http://www.handelsblatt.com/politik/international/krieg-in-syrien-von-der-leyen-fuer-blauhelm-einsatz/19675660.html, abgerufen 17.09.2020.

61 James Sloan, The Evolution of the Use of Force in UN Peacekeeping, in: *Journal of Strategic Studies* 37:5 (2014), S. 674–702.

62 Darya Pushkina, A Recipe for Success? Ingredients of a Successful Peacekeeping Mission, in: *International Peacekeeping* 13:2 (2006), S. 133–149, zitiert auf S. 133.

63 Robert Mood, My Experiences as Head of the UN Mission in Syria, 21.01.2014, http://carnegie-mec.org/diwan/54238, abgerufen 20.01.2020.

64 Für eine anschauliche Darstellung der westlichen Haltung vgl. Laurent Fabius, 37 – quai d'Orsay. Diplomatie française 2012-2016, Paris 2016, S. 87f.

65 Keine Hoffnung auf schnellen Frieden, *Zeit Online*, 01.04.2012, http://www.zeit.de/politik/ausland/2012-04/syrien-kontakt-gruppe, abgerufen 11.02.2020.

66 Westerwelle lässt nicht locker, *n-tv*.de, 08.02.2012, https://www.n-tv.de/politik/Westerwelle-laesst-nicht-locker-article5437061.html, abgerufen 14.09.2020.

67 Ulrike Putz, Plan B für Assads Entmachtung, *Spiegel Online*, 28.05.2012, http://www.spiegel.de/politik/ausland/assad-soll-macht-in-syrien-nach-muster-des-jemen-abgeben-a-835594.html, abgerufen 29.09.2020.

68 Daniel Brössler, Lawrow demütigt Westerwelle bei Syrien-Gesprächen, *SZ*, 05.07.2012, http://www.sueddeutsche.de/politik/moskau-lawrow-demuetigt-westerwelle-bei-syrien-gespraechen-1.1403046, abgerufen 06.02.2020.

69 Syrien. Eine Herausforderung für die internationale Gemeinschaft, *bundesregierung.de*, 22.08.2012, https://www.bundesregierung.de/Content/DE/Infodienst/2012/08/Syrien/2012-08-17-Syrien.html, abgerufen 15.01.2020.

70 Daniel Brössler, Wie Deutschland mit Krisenländern umgehen will, *SZ*, 19.09.2012, http://www.sueddeutsche.de/politik/strategie-papier-zur-aussenpolitik-wie-deutschland-mit-krisenlaendern-umgehen-will-1.1472795, abgerufen 16.01.2020.

71 Deutschland weist den syrischen Botschafter aus, *Welt*, 29.05.2012, https://www.welt.de/politik/deutschland/article106387418/Deutschland-weist-den-syrischen-Botschafter-aus.html, abgerufen 10.01.2020.

72 Rebellen tragen Krieg in Assads Wirtschaftszentrum, *Spiegel Online*, 23.07.2012, http://www.spiegel.de/politik/ausland/krieg-in-syrien-rebellen-tragen-den-kampf-nach-aleppo-a-845806.html, abgerufen 10.02.2020.

73 Bundesregierung weist syrische Diplomaten aus, *Spiegel Online*, 10.12.2012, http://www.spiegel.de/politik/deutschland/berlin-verweist-syrische-diplomaten-des-landes-a-871995.html, abgerufen 14.01.2020.

74 Bundesregierung weist syrische Diplomaten aus, *Spiegel Online*, 10.12.2012, http://www.spiegel.de/politik/deutschland/berlin-verweist-syrische-diplomaten-des-landes-a-871995.html, abgerufen 14.01.2020.

75 Auch in Libyen hatte sich die Bundesregierung mit der Anerkennung der Opposition schwergetan, vgl. Koenig, Germany's Role, S. 97.

76 Deutschland weist syrische Diplomaten aus, *SZ*, 10.12.2012, http://www.sueddeutsche.de/politik/verhaeltnis-zum-assad-regime-deutschland-weist-syrische-diplomaten-aus-1.1546567, abgerufen 10.01.2020.

77 BND-Chef sieht Assads Regime in der Endphase, *Spiegel Online*, 11.08.2012, http://www.spiegel.de/politik/ausland/bnd-chef-schindler-endphase-des-assad-regimes-hat-begonnen-a-849480.html, abgerufen 25.01.2020.

78 Das Regime Assad wird nicht überleben, *FAZ*, 09.12.2012, http://www.faz.net/aktuell/politik/inland/bnd-chef-gerhard-schindler-das-regime-assad-wird-nicht-ueberleben-11986739.html, abgerufen 27.01.2020.

79 Westerwelle erwartet baldiges Ende des Assad-Regimes, *SZ*, 10.12.2012, http://www.sueddeutsche.de/politik/buergerkrieg-in-syrien-westerwelle-erwartet-baldiges-ende-des-assad-regimes-1.1546184, abgerufen 27.01.2020.

80 Eine frühe Kritik findet sich bei Robert A. Pape, Why Economic Sanctions *Still* Do Not Work, in: *International Security* 23:1 (1998), S. 66–77. Für die EU vgl. Clara Portela, European Union Sanctions and Foreign Policy. When and Why do They Work?, London 2010. Für einen umfassenden Blick auf „Wirtschaftskriege" vgl. Nils Ole Oermann und Hans-Jürgen Wolff, Wirtschaftskriege. Geschichte und Gegenwart, Freiburg 2019.

81 EU verhängt Sanktionen gegen Syrien, *SZ*, 09.05.2011, http://www.sueddeutsche.de/politik/einreiseverbot-und-waffenembargo-eu-verhaengt-sanktionen-gegen-syrien-1.1095255, abgerufen 10.01.2020.

82 Phillips, Battle for Syria, S. 87f.

83 Anja Zorob, Sanktionen gegen Syrien: Was haben sie bewirkt?, in: *APuZ* 66:8 (2016), S. 14–22; van Dam, Destroying, S. 78f.; Phillips, Battle for Syria, S. 87. Vor dem Aufstand gegen Assad lag der Anteil des syrischen Öls bei 0,4 % der weltweiten Fördermenge, vgl. Reese Erlich, Inside Syria. The Backstory of Their Civil War and What the World Can Expect, Amherst 2014, S. 177.

84 Arabische Liga verhängt Sanktionen gegen Syrien, *Zeit Online*, 27.11.2011, http://www.zeit.de/politik/ausland/2011-11/arabische-liga-syrien-sanktionen, abgerufen 29.09.2020.

85 Phillips, Battle for Syria, S. 77.

86 Maier und Schmidt-Feuerheerd, Germany's Foreign, S. 10.

87 Phillips, Battle for Syria, S. 88.

88 Ebd., S. 105–113.

89 Ebd., S. 125f., 134–142.

90 Van Dam, Destroying, S. 97f.

91 Clinton, Hard Choices, S. 461–464.

92 Phillips, Battle for Syria, S. 143.

93 Erlich, Inside Syria, S. 214. Erst ab Frühjahr 2013 setzte eine aktive Ausbildung an dem gelieferten Gerät ein.

94 Rhodes, Weißen Haus, S. 275.

95 Das Wort „moderat" sagte immer auch viel über die westlichen Erwartungshaltungen und Interessen aus, vgl. hierzu die Beobachtungen in Erlich, Inside Syria, S. 91.

96 Helberg, Syrien-Krieg, S. 132–136.

97 Matthias Gebauer, BND prognostiziert Vormarsch der Assad-Armee, *Spiegel Online*, 22.05.2013, http://www.spiegel.de/politik/ausland/syrien-bnd-rechnet-mit-offensive-der-assad-truppen-im-buergerkrieg-a-901132.html, abgerufen 29.12.2020.

98 Koenig, Germany's Role, S. 103.

99 Thomas Seibert, Schusssichere Westen und gepanzerte Fahrzeuge, *Tagesspiegel*, 22.04.2013, http://www.tagesspiegel.de/politik/schusssichere-westen-und-gepanzerte-fahrzeuge/8099926.html, abgerufen 07.02.2020.

100 Ralf Neukirch, Europas Zwergenpolitik, *Spiegel Online*, 28.05.2013, http://www.spiegel.de/politik/deutschland/syrien-politik-der-eu-europas-zwergenpolitik-a-902302.html, abgerufen 20.09.2020.

101 Die bestehenden Sanktionen liefen am 31. Mai aus.

102 Koenig, Germany's Role, S. 103.

103 Exportlizenzen durften nur vergeben werden, wenn die Waffen den Konflikt nicht weiter anheizten oder verlängerten, was viel Interpretationsspielraum bot.

104 Deutschland wird keine Waffen nach Syrien liefern, *Welt*, 28.05.2013, https://www.welt.de/politik/deutschland/article116590686/Deutschland-wird-keine-Waffen-nach-Syrien-liefern.html, abgerufen 03.02.2020.

105 Thomas Maron, Die Welt zankt, der Diktator profitiert, *Stuttgarter Zeitung*, 16.03.2013, https://www.stuttgarter-zeitung.de/inhalt.analyse-des-syrien-konflikts-die-welt-zankt-der-diktator-profitiert.97afbc72-0c5b-4a23-a720-5106c4976cd0.html, abgerufen 18.01.2020.

106 Helberg, Syrien-Krieg, S. 131.

107 Die Stadt war im März 2013 von Rebellen erobert worden, fiel aber kurz darauf an den IS, vgl. Patrick Cockburn, The Rise of the Islamic State. ISIS and the New Sunni Revolution, London 2015, S. 88.

108 Phillips, Battle for Syria, S. 50–53, 126.

109 Türkei bittet Nato um „Patriot"-Raketen, *Spiegel Online*, 21.11.2012, http://www.spiegel.de/politik/ausland/tuerkei-bittet-nato-um-patriot-einsatz-a-868000.html, abgerufen 09.02.2020.

110 Thomas Seibert, Breite Mehrheit für Patriot-Einsatz in der Türkei, *Tagesspiegel*, 14.12.2014, http://www.tagesspiegel.de/politik/bundestag-breite-mehrheit-fuer-patriot-einsatz-in-der-tuerkei/7523362.html, abgerufen 08.02.2020.

111 Stefanie Bolzen, Nato erwägt Militäreinsatz – Deutschland bremst, *Welt*, 26.12.2012, https://www.welt.de/politik/ausland/article112230414/Nato-erwaegt-Militaereinsatz-Deutschland-bremst.html, abgerufen 26.01.2020.

112 Seit Juli 2012 war offensichtlich, dass Assad noch große Mengen Saringas besaß, und im April 2013 hatten verschiedene Geheimdienste den Einsatz von Chemiewaffen bestätigt, siehe Rhodes, Weißen Haus, S. 305f.

113 Detailliert in Erlich, Inside Syria, S. 101f.

114 Phillips, Battle for Syria, S. 184.

115 Am 20. Januar 2014, also nur Monate später, wurde das erste, vorläufige Abkommen zur Einstellung der atomaren Anreicherungen geschlossen, was mit einer Lockerung der Sanktionen einherging. Inwiefern dies Teheran neue finanzielle Spielräume für die Unterstützung Assads bescherte, kann hier nur als Frage aufgeworfen werden.

116 Matthias Rüb, Rote und rosa Linien, *FAZ*, 28.04.2013, http://www.faz.net/aktuell/politik/ausland/amerika/obama-und-syrien-rote-und-rosa-linien-12165844.html, abgerufen 05.02.2020. Nach der Bestätigung von Chemiewaffengebrauch durch das Regime hatte Obama im Juni 2013 die Lieferung von militärischen Gütern an die Opposition erlaubt.

117 Stefan Kornelius, Die rote Linie für Obamas Glaubwürdigkeit, *SZ*, 26.08.2013, http://www.sueddeutsche.de/politik/giftgaseinsatz-in-sy-

rien-die-rote-linie-fuer-obamas-glaubwuerdigkeit-1.1754546, abgerufen 05.02.2020.

118 Dies war auch Ziel der Franzosen und Briten, vgl. Fabius, 37 – quai d'Orsay, S. 93f. Die wahrscheinlichste Option war ein 48-stündiger Angriff mit Marschflugkörpern, vgl. Phillips, Battle for Syria, S. 179.

119 Phillips, Battle for Syria, S. 182.

120 Rhodes, Weißen Haus, S. 309.

121 Zur Entscheidungsfindung der Obama-Administration vgl. Rhodes, Weißen Haus, S. 310–326.

122 Lüders, Sturm, S. 115–125, bezieht sich in seiner Analyse auf die Artikel Seymour Hershs. Für eine Kritik an Hersh siehe u. a. Eliot Higgins und Dan Kaszeta, It's Clear that Turkey was Not Involved in the Chemical Attack on Syria, *The Guardian*, 22.04.2014, https://www.theguardian.com/commentisfree/2014/apr/22/allegation-false-turkey-chemical-attack-syria, abgerufen 15.08.2020.

123 Vgl. hierzu Anthony Seldon und Peter Snowdon, Cameron at 10. The Inside Story, London 2015, S. 325–345.

124 Rhodes, Weißen Haus, S. 318.

125 Fabius, 37 – quai d'Orsay, S. 90, 94.

126 Christoph von Marschall, Wir verstehen die Welt nicht mehr. Deutschlands Entfremdung von seinen Freunden, Freiburg 2018, S. 187.

127 Josef Braml, Obama allein gegen Syrien?, DGAP Fünf Fragen, 10.09.2013, https://dgap.org/de/think-tank/publikationen/fuenf-fragen/obama-allein-gegen-syrien, abgerufen 06.05.2020.

128 Phillips, Battle for Syria, S. 181; wohl aufgrund eines israelischen Vorschlags, vgl. Michael Oren, Ally. My Journey Across the American-Israeli Divide, New York 2015, S. 344f.

129 Rhodes, Weißen Haus, S. 325.

130 Clinton, Hard Choices, S. 469.

131 Vgl. hierzu Phillips, Battle for Syria, S. 184–188.

132 Michael D. Shear und Michael R. Gordon, 63 Hours: From Chemical Attack to Trump's Strike in Syria, *The New York Times*, 07.04.2020, https://www.nytimes.com/2017/04/07/us/politics/syria-strike-trump-timeline.html, abgerufen 15.02.2020.

133 Fabius, 37 – quai d'Orsay, S. 96.

134 Syrien-Einsatz ja, aber ohne Deutschland, ARD-DeutschlandTrend, 29.08.2013, https://www.tagesschau.de/inland/deutschlandtrend1834.html, abgerufen 29.01.2020.

135 Erlich, Inside Syria, S. 113.

136 Obama droht, Merkel zaudert, *ntv-de*, 24.08.2013, https://www.n-tv.de/politik/Obama-droht-Merkel-zaudert-article11226166.html, abgerufen 14.01.2020.

137 Zitiert in Severin Weiland und Matthias Gebauer, Merkel kann sich nicht wegducken, *Spiegel Online*, 26.08.2013, http://www.spiegel.de/politik/deutschland/druck-auf-merkel-und-westerwelle-wegen-syrien-steigt-a-918604.html, abgerufen 15.01.2020.

138 Rebellen in Syrien – CDU-Politiker Mißfelder befürwortet Waffenlieferungen, *SZ*, 03.03.2013, http://www.sueddeutsche.de/politik/syrien-konflikt-britischer-aussenminister-erwaegt-waffenlieferungen-fuer-rebellen-1.1614131, abgerufen 20.07.2020.

139 Hans Monath, Mißfelder befürwortet Syrien-Überflugrechte für USA, *Tagesspiegel*, 28.08.2012, https://www.tagesspiegel.de/politik/vorgehen-gegen-syrische-chemiewaffen-missfelder-befuerwortet-syrien-ueberflugrechte-fuer-usa/7060238.html, abgerufen 20.02.2020.

140 Thomas Wiegold, Deutschland kann zum Krieg gegen Assad viel beisteuern, *Zeit Online*, 28.08.2013, http://www.zeit.de/politik/ausland/2013-08/syrien-einsatz-bundeswehr, abgerufen 13.01.2020.

141 Jochen Gaugele und Thorsten Jungholf, Nur eine politische Lösung bringt Frieden, *Welt*, 01.09.2013, https://www.welt.de/politik/deutschland/article119580211/Nur-eine-politische-Loesung-bringt-Frieden.html, abgerufen 17.01.2020.

142 Deutschland unterzeichnet Erklärung zu Syrien doch noch, *Tagesspiegel*, 07.09.2013, http://www.tagesspiegel.de/politik/nach-dem-g-20-gipfel-deutschland-unterzeichnet-erklaerung-zu-syrien-doch-noch/8756654.html, abgerufen 09.01.2020.

143 Ian Traynor, Merkel Sides with Unlikely Allies over Syria, *The Guardian*, 09.09.2013, https://www.theguardian.com/world/german-elections-blog-2013/2013/sep/09/merkel-unlikely-allies-syria, abgerufen 11.04.2020.

144 Sascha Brandt, Deutschland fällt als diplomatischer Vermittler aus, *Cicero*, 10.09.2013, https://www.cicero.de/aussenpolitik/syrien-konflikt-keine-kraftvolle-deutsche-aussenpolitik-unter-schwarz-gelb/55707, abgerufen 25.04.2020.

145 Syrien-Angriff definitiv ohne Deutsche, *Merkur*, 30.08.2013, https://www.merkur.de/politik/syrien-westerwelle-verneint-deutsche-beteiligung-zr-3084326.html, abgerufen 12.04.2020.

146 Interview mit dem Politikwissenschaftler Christopher Phillips, der sich hierbei auf viele Hintergrundgespräche mit britischen Diplomaten stützte, 18.09.2020.

147 Rhodes, Weißen Haus, S. 314.

148 Helberg, Syrien-Krieg, S. 175.
149 Rhodes, Weißen Haus, S. 315.
150 Ian Traynor, Merkel Sides with Unlikely Allies over Syria, *The Guardian*, 09.09.2013, https://www.theguardian.com/world/german-elections-blog-2013/2013/sep/09/merkel-unlikely-allies-syria, abgerufen 11.05.2020.
151 Merkel wirft EU-Ländern in Syrien-Frage Egoismus vor, *Welt*, 08.09.2013, https://www.welt.de/politik/deutschland/article119819005/Merkel-wirft-EU-Laendern-in-Syrien-Frage-Egoismus-vor.html, abgerufen 15.09.2020.
152 Jochen Gaugele und Thorsten Jungholf, Nur eine politische Lösung bringt Frieden, *Welt*, 01.09.2013, https://www.welt.de/politik/deutschland/article119580211/Nur-eine-politische-Loesung-bringt-Frieden.html, abgerufen 17.09.2020.
153 Syrien: Guido Westerwelle (FDP) zur aktuellen Lage am 10.09.2013, *YouTube*, https://www.youtube.com/watch?v=SbjefwfhOE0&t=313s, abgerufen 22.09.2020.
154 Bereits bei vorherigen Berichten über Chemiewaffenangriffe hatte die Bundesregierung die Entsendung von UN-Beobachtern gefordert, vgl. hierzu Hans Monath und Ulrike Scheffer, Wie Deutschland in den Syrienkonflikt verwickelt ist, *Tagesspiegel*, 06.05.2013, http://www.tagesspiegel.de/politik/zurueckhaltung-und-hilfsgueter-wie-deutschland-in-den-syrienkonflikt-verwickelt-ist/8170536.html, abgerufen 08.09.2020.
155 Merkel erklärt Chemikalien-Lieferung nach Syrien, *Spiegel Online*, 18.09.2013, http://www.spiegel.de/politik/ausland/giftgasangriff-in-syrien-merkel-verteidigt-chemikalien-lieferung-a-923085.html, abgerufen 17.09.2020.
156 Syriens gefährlichste Chemiewaffen sind vernichtet, *Spiegel Online*, 19.08.2014, http://www.spiegel.de/politik/ausland/giftgas-aus-syrien-usa-melden-zerstoerung-der-chemiewaffen-a-986816.html, abgerufen 17.09.2020.
157 Annette Langer, Von Syrien in die Heide, *Spiegel Online*, 09.04.2014, http://www.spiegel.de/panorama/gesellschaft/giftgas-aus-syrien-geka-in-munster-entsorgt-senfgas-von-der-cape-ray-a-963357.html, abgerufen 17.09.2020.
158 Kerstin Müller, Unsere Verantwortung in Syrien, *Frankfurter Rundschau*, 06.03.2012, https://www.fr.de/meinung/unsere-verantwortung-syrien-11333244.html, abgerufen 28.12.2020.
159 USA und Türkei erwägen Flugverbotszone über Syrien, *Zeit Online*, 12.08.2012, http://www.zeit.de/politik/ausland/2012-08/syrien-flugverbotszone-usa, abgerufen 15.09.2020.

160 John Irish, French plan to help Syria safe zones seen falling short, *Reuters*, 31.08.2012, https://www.reuters.com/article/uk-syria-crisis-zones-idUKBRE87U0DT20120831, abgerufen 28.12.2020.

161 Die Schätzungen Dempseys wurden teilweise als zu hoch kritisiert, vgl. Erlich, Inside Syria, S. 221f.

162 Spencer Ackerman, Why Clinton's Plans for No-Fly Zones in Syria Could Provoke US-Russia Conflict, *The Guardian*, 25.11.2016, https://www.theguardian.com/world/2016/oct/25/hillary-clinton-syria-no-fly-zones-russia-us-war, abgerufen 15.08.2020.

163 Bundesregierung gegen Flugverbotszone, *Handelsblatt*, 13.08.2012, http://www.handelsblatt.com/politik/international/syrien-konflikt-bundesregierung-gegen-flugverbotszone/6995234.html, abgerufen 29.04.2020.

164 Vgl. Micah Zenko, No-Fly Zone Doesn't Mean A No-War Zone, *Foreign Policy*, 06.09.2016, http://foreignpolicy.com/2016/09/06/a-no-fly-zone-doesnt-mean-a-no-war-zone-iraq-syria-kurds-saddam-hussein/, abgerufen 16.01.2020.

165 Vgl. z.B. Wolfgang Bauer, Der Westen hätte diesen Krieg stoppen können, *Zeit Online*, http://www.zeit.de/politik/ausland/2015-09/syrien-assad-regime-versagen-bundesregierung-aufbau-flugverbotszone, abgerufen 18.02.2020.

166 Die Einsatzfähigkeit der Flugzeuge war nie bei 100 % und nahm sukzessive ab. Nach den US-Operationen im April 2017 gingen amerikanische Schätzungen von 45 einsatzbereiten Flugzeugen aus, Dave Majumdar, The Syrian Air Force: What is Left?, *The National Interest*, 11.04.2017, http://nationalinterest.org/blog/the-buzz/the-syrian-air-force-what-left-20135, abgerufen 11.02.2020. Vor der möglichen Intervention im August 2013 wurden die einsatzbereiten Kampfflugzeuge auf 100 beziffert, vgl. Hans Jakob Ginsburg, Vier Szenarien für Syrien, *Wirtschaftswoche*, 28.08.2013, https://www.wiwo.de/politik/ausland/militaerische-alternativen-vier-szenarien-fuer-syrien/8705544-all.html, abgerufen 24.05.2020.

167 Ebd.

168 Markus Kaim, Die Krise in Syrien – Möglichkeiten und Grenzen militärischen Eingreifens, in: *SWP-Aktuell* 11 (2012), zitiert auf S. 3.

169 Cockburn, Rise, S. 33.

170 Vgl. Bethan McKernan, Assad „Dropped 13,000 Barrel Bombs on Syria in 2016", watchdog claims, *The Independent*, 11.01.2017, http//:www.independent.co.uk/news/world/middle-east/bashar-al-assad-syria-president-regime-13000-barrel-bombs-rebels-aleppo-douma-2016-a7521656.html, abgerufen 15.06.2017.

171 William J. Burns, The Back Channel. A Memoir of American Diplomacy and the Case for Its Renewal, New York 2019, S. 322f.

4. Die nahende Flüchtlingskrise

1 EU sucht in der Flüchtlingskrise einen Neuanfang, *Welt*, 23.09.2015, https://www.welt.de/newsticker/news1/article146743172/EU-sucht-in-der-Fluechtlingskrise-einen-Neuanfang.html, abgerufen 06.02.2020.

2 Davon ca. eine Million im Libanon, über drei Millionen in der Türkei, 650 000 in Jordanien, 250 000 im Irak und 120 000 in Ägypten.

3 Für eine knappe, aktuelle Übersicht siehe EU-Kommission, Syria, *European Civil Protection and Humanitarian Operations*, http://ec.europa.eu/echo/files/aid/countries/factsheets/syria_en.pdf, abgerufen 04.07.2020. Detaillierte Statistiken stellt das UNHCR zur Verfügung: http://data.unhcr.org/syrianrefugees/regional.php.

4 Vgl. Ruth Eisenreich, Was Merkel übersehen hat, *SZ*, 24.09.2015, https://www.sueddeutsche.de/politik/syrien-fluechtlinge-was-merkel-uebersehen-hat-1.2662655, abgerufen 25.07.2020.

5 UN setzen Nahrungsmittelhilfe für syrische Flüchtlinge aus, *FAZ*, 01.12.2014, https://www.faz.net/aktuell/politik/ausland/naher-osten/wfp-der-un-stoppen-lebensmittelhilfe-fuer-syrienfluechtlinge-13296531.html, abgerufen 26.07.2020.

6 Ein exemplarischer Bericht des UNHCR zur Situation der syrischen Flüchtlinge in Jordanien im Jahr 2014: Living in the Shadows. Jordan Home Visits Report 2014, *UNHCR*, 2014, http://www.unhcr.org/protection/operations/54b685079/living-shadows-jordan-home-visits-report-2014.html, abgerufen 03.07.2020.

7 Andrea Bachstein, Hilflose Helfer, *SZ*, 29.03.2015, https://www.sueddeutsche.de/politik/fluechtlinge-hilflose-helfer-1.2416117, abgerufen 04.07.2020.

8 Leo Dobbs, Funding Shortage Leaves Syrian Refugees in Danger of Missing Vital Support, *UNHCR*, 25.06.2015, http://www.unhcr.org/558acbbc6.html, abgerufen 06.07.2020.

9 Ausführlich hierzu Patrick Kingsley, Die neue Odyssee. Eine Geschichte der europäischen Flüchtlingskrise, München 2016, insb. S. 186f.

10 Daniel Brössler, Berlin zahlt weiter Entwicklungshilfe für Assad, *SZ*, 05.09.2011, https://www.sueddeutsche.de/politik/trotz-gewalt-gegen-die-bevoelkerung-berlin-zahlt-weiter-entwicklungshilfe-fuer-assad-1.1138979, abgerufen 18.07.2020.

11 Syrien klagt über Sanktionen. Deutschland zahlt für Flüchtlinge, *NTV*, 18.10.2012, https://www.n-tv.de/politik/Deutschland-zahlt-fuer-Fluechtlinge-article7507876.html, abgerufen 25.07.2020.

12 Syrien-Konferenz. Hilfen für Syrien-Flüchtlinge laufen auf Hochtouren, *BMZ*, 29.10.2014, https://www.bmz.de/20141029-1, abgerufen 25.07.2020.

13 Vgl. Deutschland nimmt 5000 weitere Syrien-Flüchtlinge auf, *Spiegel Online*, 20.03.2013, https://www.spiegel.de/politik/deutschland/deutschland-nimmt-5000-weitere-syrien-fluechtlinge-auf-a-890061.html, abgerufen 12.07.2020; Deutschland nimmt weitere 5000 Flüchtlinge aus Syrien auf, *Spiegel Online*, 05.12.2013, https://www.spiegel.de/politik/deutschland/deutschland-nimmt-weitere-5000-fluechtlinge-aus-syrien-auf-a-937497.html, abgerufen 12.07.2020.

14 The Crisis in Syria, *International Organization for Migration*, http://www.iomfrance.org/sites/default/files/The%20Crisis%20in%20Syria_IOM%27s%20role%20in%20resettlement_final%20version%20February%202015_update.pdf, abgerufen 12.07.2020.

15 Gotkowska und Frymark, Germany's engagement, S. 3f.

16 Koenig, Germany's Role, S. 103.

17 Weniger Syrien-Hilfe als erhofft, *SZ*, 15.01.2014, https://www.sueddeutsche.de/politik/un-geberkonferenz-haelfte-aller-syrier-braucht-humanitaere-hilfe-1.1863454, abgerufen 25.08.2020.

18 Vgl. Leitlinien der deutschen Bundesregierung zur Konfliktprävention 2017: Krisen verhindern, Konflikte bewältigen, Frieden fördern. Leitlinien, *Die Bundesregierung*, https://www.bmz.de/de/zentrales_downloadarchiv/Presse/Leitlinien_Krisenpraevention.pdf, abgerufen 07.08.2020.

19 Die Humanitäre Hilfe war zuvor an das Auswärtige Amt abgetreten worden. Unter anderem, um die Sichtbarkeit der deutschen Hilfe zu erhöhen.

20 Hoher Haushaltsaufwuchs des BMZ, *BMZ*, 11.11.2016, https://www.bmz.de/20161111-1, abgerufen 03.08.2020.

21 Naher Osten und Nordafrika. Syrien, *BMZ*, Januar 2018, https://www.bmz.de/de/laender_regionen/naher_osten_nordafrika/syrien/index.html?follow=adword, abgerufen 06.08.2020.

22 Markus Becker, EU-Chefs raufen sich zusammen, *Spiegel Online*, 24.09.2015, https://www.spiegel.de/politik/ausland/fluechtlinge-eu-skizziert-strategie-auf-sondergipfel-a-1054451.html, abgerufen 26.01.2020.

23 EU-Kommission, *Syria*.

24 Elf Milliarden Dollar für syrische Flüchtlinge, *bundeskanzlerin.de*, https://www.bundeskanzlerin.de/bkin-de/angela-merkel/terminkalender/reise-

berichte/elf-milliarden-dollar-fuer-syrische-fluechtlinge-236646, abgerufen 28.01.2020.

25 Beispielsweise von Entwicklungsminister Gerd Müller in seiner Rede vor dem Bundestag am 29.01.2014, siehe Deutscher Bundestag, Stenografischer Bericht, *Plenarprotokoll 18/10*, S. 648, http://dipbt.bundestag.de/dip21/btp/18/18010.pdf%23P.646, abgerufen 03.07.2020.

26 Stefan Luft, Die Flüchtlingskrise. Ursachen, Konflikte, Folgen, München 2017, S. 20f.

27 Frontex, Risk Analysis for 2016, Warschau 2016, S. 17.

28 Kingsley, Odyssee, S. 85.

29 Frontex, Risk Analysis, S. 17.

30 Ausführlich zu den damaligen Ereignissen: Georg Blume et al., Grenzöffnung für Flüchtlinge: Was geschah wirklich?, *Zeit Online*, 22.08.2016, http://www.zeit.de/2016/35/grenzoeffnung-fluechtlinge-september-2015-wochenende-angela-merkel-ungarn-oesterreich/komplettansicht, abgerufen 26.06.2020; Robin Alexander, Die Getriebenen. Merkel und die Flüchtlingspolitik: Report aus dem Inneren der Macht, München 2017.

31 Hierunter fallen sämtliche Pressemitteilungen, Aussagen bei Pressekonferenzen, öffentliche Reden, Interviews und Namensbeiträge von Regierungsmitgliedern in den Medien sowie entsprechende Veröffentlichungen der einzelnen Bundesministerien im Untersuchungszeitraum, sofern all dies über www.bundesregierung.de – und somit im Namen der gesamten Regierung – verbreitet wurde.

32 Helberg, Syrien-Krieg, S. 174.

5. Das deutsche Eingreifen als Teil der Anti-IS-Koalition

1 Michael Staack, Deutsche Außenpolitik unter Stress, Opladen 2016, S. 10.

2 Zitiert in Theo Sommer, Deutschland vermag allein nicht viel, *Zeit Online*, 04.02.2014, http://www.zeit.de/politik/ausland/2014-02/muenchner-sicherheitskonferenz-aussenpolitik, abgerufen 10.02.2020.

3 Stahl, Verantwortung – welche Verantwortung?

4 Manche Beobachter konstatierten einen Wandel der politischen Rhetorik, vgl. Maier und Schmidt-Feuerheerd, Germany's Foreign, S. 15.

5 Frank-Walter Steinmeier, Flugschreiber. Notizen aus der Außenpolitik in Krisenzeiten, Berlin 2016, S. 8, 29.

6 No Military Solution to Syria, Says German Foreign Minister Steinmeier, *DW*, 01.10.2015, http://www.dw.com/en/no-military-solution-to-

syria-says-german-foreign-minister-steinmeier/a-18756617, abgerufen 27.06.2020.

7 Steinmeier, Flugschreiber, S. 35.

8 Richard Herzinger, Das gefährliche Problem der deutschen Außenpolitik, *Welt*, 27.12.2015, https://www.welt.de/politik/deutschland/article150198763/Das-gefaehrliche-Problem-der-deutschen-Aussenpolitik.html, abgerufen 24.06.2020.

9 Werner Link, Gemeinsame Führung und die Kultur der Zurückhaltung in der deutschen Außenpolitik, in: *ZfAS* 8 (2015), S. 289–312.

10 Koenig, Germany's Role, S. 99–101.

11 Derek Chollet, The Long Game: How Obama Defied Washington and Redefined America's Role in the World, New York 2016, S. 173.

12 Vgl. hierzu Patrick Cockburn, The Age of Jihad. Islamic State and the Great War for the Middle East, London 2016.

13 Auch ISIL oder im arabischen Raum „Da'ish" (Daesh) – ein Begriff, der meist abwertend gebraucht wird, vgl. van Dam, Destroying, S. 100; Christoph Reuter, Die Schwarze Macht. Der „Islamische Staat" und die Strategen des Terrors, München 2015, S. 18.

14 Steinberg, Kalifat des Schreckens, S. 77–112; Charles R. Lister, The Syrian Jihad. Al-Qaeda, the Islamic State and the Evolution of an Insurgency, Oxford 2015, S. 119–149.

15 Cockburn, Rise, S. 136.

16 Ebd., S. 11f.

17 Obamas Beweggründe sind detailliert dargestellt in Phillips, Battle for Syria, S. 207f.; vgl. auch Rhodes, Weißen Haus, S. 386–393.

18 Maier und Schmidt-Feuerheerd, Germany's Foreign, S. 15.

19 Im Zuge der Fortsetzung des Einsatzes wurde im Januar 2016 eine Aufstockung auf 150 Dienstposten beschlossen.

20 Lister, Syrian Jihad, S. 279.

21 Cockburn, Rise, S. 152.

22 Koenig, Germany's Role, S. 104. Frankreich war in gewisser Weise vorgeprescht und hatte bereits vor den EU-Konsultationen Waffen geliefert.

23 Von Marschall, Welt, S. 177f.

24 Mehrheit der Bundesbürger lehnt Waffenlieferungen ab, *Zeit Online*, 29.08.2014, http://www.zeit.de/politik/ausland/2014-08/waffenlieferung-umfrage-ablehnung, abgerufen 27.07.2020.

25 Von der Leyen will Völkermord zur Not mit Waffen verhindern, *Zeit Online*, 14.08.2014, http://www.zeit.de/politik/deutschland/2014-08/waffen-irak-ursula-von-der-leyen, abgerufen 12.07.2020.

26 Reuter, Schwarze Macht, S. 215–220.

27 Cockburn, Rise, S. 64.

28 Steinmeier: Kein Paradigmenwechsel in der deutschen Außenpolitik, *FAZ*, 25.08.2014, http://www.faz.net/aktuell/politik/ausland/naher-osten/steinmeier-waffenlieferung-kein-paradigmenwechsel-13115544.html, abgerufen 22.07.2020.
29 Revealed: the £1bn of Weapons Flowing from Europe to Middle East, *The Guardian*, 27.07.2016, https://www.theguardian.com/world/2016/jul/27/weapons-flowing-eastern-europe-middle-east-revealed-arms-trade-syria, abgerufen 21.07.2020.
30 Detailliert in Maier und Schmidt-Feuerheerd, Germany's Foreign, S. 21.
31 Deutscher Bundestag, Antrag der Bundesregierung: Ausbildungsunterstützung der Sicherheitskräfte der Regierung der Region Kurdistan-Irak und der irakischen Streitkräfte, Drucksache 18/3561, 17.12.2014, S. 5.
32 Der Einsatz im Irak, *bundeswehr.de*, https://www.bundeswehr.de/de/einsaetze-bundeswehr, abgerufen 11.07.2020.
33 Matthias Gebauer, Wie die Bundeswehr die Kurden aufrüstet, *Spiegel Online*, 01.09.2014, http://www.spiegel.de/politik/ausland/is-nordirak-bundeswehr-waffen-fuer-die-kurden-peschmerga-a-989237.html, abgerufen 26.07.2020.
34 Keren Yarhi-Milo, Alexander Lanoszka und Zack Cooper, To Arm or to Ally? The Patron's Dilemma and the Strategic Logic of Arms Transfers and Alliances, in: *International Security* 41:2 (2016), S. 90–139.
35 Deutscher Bundestag, Antrag der Bundesregierung: Ausbildungsunterstützung der Sicherheitskräfte der Regierung der Region Kurdistan-Irak und der irakischen Streitkräfte, Drucksache 18/3561, 17.12.2014.
36 Maier und Schmidt-Feuerheerd, Germany's Foreign, S. 16.
37 Mehrheit unterstützt Anti-IS-Ausbildungsmission, *Focus*, 16.09.2015, https://www.focus.de/politik/ausland/konflikte-mehrheit-unterstuetzt-die-anti-is-ausbildungsmission-im-irak_id_4950253.html, abgerufen 05.07.2020.
38 Van Dam, Destroying, S. 108.
39 Ausführlich in Trenin, Russia, S. 54–64; Phillips, Battle for Syria, S. 213–223.
40 Im Vergleich zu westlichen Aufstandsbekämpfungsmethoden setzt die russische Strategie stärker auf repressive Mittel und greift sowohl Kämpfer als auch Zivilisten direkter an, siehe hierzu Tomisha Bino und Joachim Krause, Russia Changes the Game: Bilanz der russischen Intervention in Syrien, in: *SIRIUS – Zeitschrift für Strategische Analysen* 1:1 (2017), S. 68–79.
41 Fabius, 37 – quai d'Orsay, S. 109.
42 Rhodes, Weißen Haus, S. 448.
43 Ebd., S. 449.

44 Des Weiteren wurde das Mandat für Mali im Januar 2016 verlängert und ausgeweitet, die Personalobergrenze stieg von 150 auf 650 Soldaten. Am 26. Januar 2017 wurde die Grenze abermals angehoben (auf 1000). Zur deutschen Mission vgl. Christian Patz, Peacekeeping Labor Mali: Deutschland und der MINUSMA-Einsatz, in: *SIRIUS – Zeitschrift für Strategische Analysen* 3:4 (2019), S. 339–361.
45 Maier und Schmidt-Feuerheerd, Germany's Foreign, S. 17.
46 Fröhlich, Ende der Selbstentfesselung, S. 29.
47 Bundestag stimmt für Syrien-Einsatz, *Zeit Online*, 04.12.2015, http://www.zeit.de/politik/deutschland/2015-12/bundestag-stimmt-syrien-einsatz-zu, abgerufen 06.02.2020.
48 Mehrheit für Syrien-Einsatz, ARD-DeutschlandTrend, 04.12.2015, https://www.tagesschau.de/inland/deutschlandtrend-455.html, abgerufen 05.02.2020.
49 Von der Leyen lehnt Eingreifen in Syrien ab, *FAZ*, 16.09.2015, http://www.faz.net/aktuell/politik/von-der-leyen-lehnt-eingriff-gegen-islamischen-staat-ab-13805672.html, abgerufen 05.02.2020.
50 Douglas C. Peifer, Why Germany Won't Be Dropping Bombs on Syria, Iraq or Mali, in: *Orbis* 60:2 (2016), S. 266-278.
51 Bundeswehr beteiligt sich erstmals an Luftangriffen gegen IS, *Spiegel Online*, 16.12.2015, http://www.spiegel.de/politik/deutschland/syrien-bundeswehr-beteiligt-sich-erstmals-an-luftangriffen-gegen-is-a-1068038.html, abgerufen 25.01.2020.
52 Maier und Schmidt-Feuerheerd, Germany's Foreign, S. 17.
53 Wie z. B. Allers behauptet, vgl. Robin Marc Allers, Are We Doing Enough? Change and Continuity in the German Approach to Crisis Management, in: *German Politics* 25:4 (2016), S. 519–540, hier S. 533; vgl. auch Ludwig Greven, Deutschland wird zur Gestaltungsmacht im Nahen Osten, *Zeit Online*, 02.12.2015, http://www.zeit.de/politik/deutschland/2015-12/syrien-bundeswehr-einsatz-markus-kaim-interview, abgerufen 11.02.2020.
54 Marcus Mohr, Rasch mal in den Persischen Golf, *Zeit Online*, 11.12.2015, http://www.zeit.de/politik/deutschland/2015-12/syrien-einsatz-fregatte-augsburg-flugzeugtraeger-charles-de-gaulle, abgerufen 29.01.2020.
55 Die offiziellen Zahlen sind nicht klar trennbar, und eine „Mehrfachausbildung" durch mehrere Nationen in verschiedenen Teilbereichen führt bisweilen zu erhöhten Gesamtzahlen; vgl. Bislang rund 14 000 Peschmerga-Kämpfer geschult, *Bundeswehr-Journal*, 14.06.2017, http://www.bundeswehr-journal.de/2017/bislang-rund-14-000-peschmerga-kaempfer-geschult/#more-7895, abgerufen 22.01.2020.

56 Paul-Anton Krüger, Die effektivste Waffe der Peschmerga: deutsche Panzerabwehrraketen, *SZ*, 28.10.2016, http://www.sueddeutsche.de/politik/nordirak-die-effektivste-waffe-der-peschmerga-deutsche-panzerabwehrraketen-1.3226587, abgerufen 03.02.2020.
57 Zur sicherheitspolitischen Entwicklung in Italien, vor allem im Hinblick auf Auslandseinsätze vgl. Piero Ignazi, Giampiero Giacomello und Fabrizio Coticchia, Italian Military Operations Abroad. Just Don't Call it War, New York 2012.
58 I paracadutisti italiani al fronte contro l'ISIS, *Analisi Difesa*, 13.09.2015, http://www.analisidifesa.it/2015/09/i-paracadutisti-italiani-al-fronte-contro-lisis/, abgerufen 23.01.2020.
59 Più istruttori militari italiani in Iraq, *Analisi Difesa*, 29.10.2015, http://www.analisidifesa.it/2015/10/pia-consiglieri-militari-italiani-in-iraq/, abgerufen 24.01.2020.
60 Gianluca di Feo, Iraq, gli elicotteri italiani in prima linea contro il Califfato, *La Repubblica*, 16.04.2016, http://www.repubblica.it/esteri/2016/04/16/news/iraq_missione_italia-137740767/, abgerufen 24.01.2020.
61 Iraq: 7000 i Peshmerga addestrati dalle forze italiane, *Analisi Difesa*, 19.01.2017, http://www.analisidifesa.it/2017/01/iraq-7-000-i-peshmerga-addestrati-dalle-forze-italiane/, abgerufen 24.01.2020.
62 Cosa fanno i 'boots on the ground' italiani a Ramadi, *Analisi Difesa*, 19.02.2016, http://www.analisidifesa.it/2016/02/cosa-fanno-i-boots-on-the-ground-italiani-a-ramadi/, abgerufen 23.01.2020.
63 Gotkowska und Frymark, Germany's engagement, S. 7.

6. Das Ende des IS und der Kampf um die Nachkriegsordnung in Syrien, 2016–2020

1 Phillips, Battle for Syria, S. 238f.
2 Mindestens 9000 Zivilisten sollen bei Kampf um Mossul getötet worden sein, *Der Spiegel*, 20.12.2017, https://www.spiegel.de/politik/ausland/irak-kampf-um-mossul-kostete-mindestens-9000-zivilisten-das-leben-a-1184264.html, abgerufen 28.08.2020.
3 Zumal er sich rasch mit Putin aussöhnte, nachdem der Abschuss eines russischen Kampfflugzeugs im November 2015 zu einer diplomatischen Eiszeit geführt hatte, Soner Cagaptay, Erdogan's Empire. Turkey and the Politics of the Middle East, London 2020, S. 218f.

4 Julian Hans, Erdogan und Putin rufen „neue Epoche“ aus, *SZ*, 09.08.2016, https://www.sueddeutsche.de/politik/treffen-in-russland-erdogan-und-putin-rufen-neue-epoche-aus-1.3114090, abgerufen 22.09.2020.
5 Gerald Knaus, Welche Grenzen brauchen wir? Zwischen Empathie und Angst – Flucht, Migration und die Zukunft von Asyl, München 2020, S. 182–189.
6 Helberg, Syrien-Krieg, S. 148–150.
7 Phillips, Battle for Syria, S. 236.
8 Rhodes, Weißen Haus, S. 520.
9 Phillips, Battle for Syria, S. 233.
10 Helberg, Syrien-Krieg, S. 150; Phillips, Battle for Syria, S. 240–242.
11 Paul-Anton Krüger, Der Plan hieß: Frieden, *SZ*, 27.12.2017, https://www.sueddeutsche.de/politik/deeskalationszonen-der-plan-hiess-frieden-1.3804881, abgerufen 14.02.2020.
12 Helberg, Syrien-Krieg, S. 151.
13 Zugleich hatten Russland und Israel sich abgestimmt, wodurch Israel weiterhin seine „rote Linien“ durchsetzen konnte, was 2018 zu mehreren Angriffen und Gegenangriffen führte, vgl. Phillips, Battle for Syria, S. 251f., 268–271; Helberg, Syrien-Krieg, S. 163f.
14 Wladimir Putin: Europa soll für Syriens Aufbau zahlen, *Tagesspiegel*, 18.05.2018, https://www.tagesspiegel.de/politik/treffen-mit-angela-merkel-wladimir-putin-europa-soll-fuer-syriens-aufbau-zahlen/22583352.html, abgerufen 17.08.2020.
15 Vierergipfel plant Neustart von Friedensprozess in Syrien, *Spiegel Online*, 27.10.2018, https://www.spiegel.de/politik/ausland/syrien-vierer-gipfel-um-angela-merkel-stoesst-syrisches-verfassungskomitee-an-a-1235495.html, abgerufen 17.09.2020.
16 Pressekonferenz Bundeskanzlerin Merkel in Istanbul, 27.10.2018, https://www.bundesregierung.de/breg-de/aktuelles/pressekonferenz-von-bundeskanzlerin-merkel-praesident-erdoğan-praesident-putin-und-praesident-macron-zur-lage-in-syrien-1542886, abgerufen 10.09.2020.
17 Helberg, Syrien-Krieg, S. 155.
18 Ebd., S. 156.
19 Phillips, Battle for Syria, S. 263–266.
20 Detailliert in Phillips, Battle for Syria, S. 254–258.
21 Steve Coll, Trump's Confusing Strike on Syria, *The New Yorker*, 17.04.2017, https://www.newyorker.com/magazine/2017/04/17/trumps-confusing-strike-on-syria, abgerufen 29.09.2020; Phillips, Battle for Syria, S. 246–250.
22 Phillips, Battle for Syria, S. 247f.

23 Naomi Conrad, Syrien: Deutschland pocht weiter auf diplomatische Lösung, *DW*, 10.04.2017, http://www.dw.com/de/syrien-deutschland-pocht-weiter-auf-diplomatische-lösung/a-38367570, abgerufen 28.01.2020.
24 Von der Leyen plädiert für UN-Blauhelmsoldaten in Syrien, *Zeit Online*, 16.04.2017, http://www.zeit.de/politik/2017-04/verteidigungsministerin-ursula-von-der-leyen-syrien-vereinte-nationen-wiederaufbau, abgerufen 10.02.2020.
25 Ein neuer Aufbruch für Europa. Eine neue Dynamik für Deutschland. Ein neuer Zusammenhalt für unser Land. Koalitionsvertrag zwischen CDU, CSU und SPD, 07.02.2020, S. 157, https://www.cdu.de/system/tdf/media/dokumente/koalitionsvertrag_2018.pdf?file=1, abgerufen 18.02.2020, S. 151.
26 Von Marschall, Welt, S. 93.
27 Zu den Beweggründen vgl. Phillips, Battle for Syria, S. 259–262.
28 Cagaptay, Erdogan's Empire, S. 221.
29 OPCW weist Spuren von Chlorgas in Duma nach, *Spiegel Online*, 06.07.2018, https://www.spiegel.de/politik/ausland/syrien-giftgasangriff-in-duma-opcw-weist-spuren-von-chlorgas-nach-a-1217175.html, abgerufen 27.09.2020.
30 Markus Ackeret, Moskau verbreitet wilde Theorien, *NZZ*, 19.04.2018, https://www.nzz.ch/international/fall-skripal-russland-verbreitet-verschwoerungstheorien-ld.1379114, abgerufen 27.09.2020.
31 Benjamin Barthe, Attaque chimique en Syrie: Donald Trump et Emmanuel Macron veulent ‚une réponse commune', *Le Monde*, 08.04.2018, https://www.lemonde.fr/syrie/article/2018/04/08/syrie-ce-que-l-on-sait-sur-la-nature-des-bombardements-sur-douma_5282540_1618247.html, abgerufen 23.08.2020.
32 John Bolton, The Room Where it Happened. A White House Memoir, New York 2020, S. 45.
33 Phillips, Battle for Syria, S. 265f.
34 Vgl. hierzu das Gutachten des Wissenschaftlichen Dienstes des Deutschen Bundestages, WD2-3000-048/18, Völkerrechtliche Implikationen des amerikanisch-britisch-französischen Militärschlags vom 14. April 2018 gegen Chemiewaffeneinrichtungen in Syrien, 18.04.2018.
35 Von Marschall, Welt, S. 144.
36 Hans Monath, Trump stürzt Merkel in ein Dilemma, *Der Tagesspiegel*, 12.04.2018, https://www.tagesspiegel.de/politik/drohung-mit-militaerschlag-in-syrien-trump-stuerzt-merkel-in-ein-dilemma/21169644.html, abgerufen 20.08.2020.

37 Matthias Gebauer, Mehr Härte wagen, *Der Spiegel*, 12.04.2018, https://www.spiegel.de/politik/deutschland/heiko-maas-die-syrienkrise-und-russland-mehr-haerte-wagen-a-1202635.html, zuletzt abgerufen 18.07.2020.
38 Helene Cooper, Thomas Gibbons-Neff und Ben Hubbard, U.S., Britain and France Strike Syria over Suspected Chemical Weapons Attack, *The New York Times*, 13.04.2018, https://www.nytimes.com/2018/04/13/world/middleeast/trump-strikes-syria-attack.html, abgerufen 14.08.2020.
39 Bolton, Room, S. 134.
40 Ebd., S. 58.
41 Davon über 75 % durch amerikanische Kräfte, vgl. David Cenicotti, This Updated Chart Shows (Most of) the Assets Involved, *The Aviationist*, 07.05.2018, https://theaviationist.com/2018/05/07/this-updated-chart-shows-most-of-the-assets-involved-in-apr-14-air-strike-on-syria/, abgerufen 20.08.2020.
42 Bolton, Room, S. 60.
43 Phillips, Battle for Syria, S. 266.
44 https://www.bundesregierung.de/breg-de/aktuelles/bundeskanzlerin-merkel-zu-den-militaerschlaegen-der-usa-grossbritanniens-und-frankreichs-in-syrien-1006908, abgerufen 18.08.2020.
45 Jessica Elgot, „No alternative". Theresa May Sends British Jets to Join Airstrikes on Syria, *The Guardian*, 14.04.2018, https://www.theguardian.com/world/2018/apr/14/theresa-may-britain-air-strikes-syria-chemical-weapons-raf, abgerufen 18.08.2020.
46 Von Marschall, Welt, S. 147.
47 Ebd., S. 147.
48 Rede Bundesminister Maas vor dem Deutschen Bundestag, 18.04.2018, https://www.bundesregierung.de/breg-de/service/bulletin/rede-des-bundesministers-des-auswaertigen-heiko-maas--1122302, abgerufen 19.08.2020.
49 Sigmar Gabriel, Zeitenwende in der Weltpolitik. Mehr Verantwortung in ungewissen Zeiten, Freiburg 2018, S. 191.
50 Fröhlich, Ende der Selbstfesselung, S. 152.
51 Helberg, Syrien-Krieg, S. 86.
52 Phillips, Battle for Syria, S. 273f.
53 Ali Bakeer, Why Did the UAE and Bahrain Reopen Their Embassies in Syria?, *Al-Jazeera*, 08.01.2019, https://www.aljazeera.com/indepth/opinion/uae-bahrain-open-embassies-syria-190107165601089.html, abgerufen 22.09.2020.
54 Bethan McKernan und Martin Chulov, Arab League Set to Readmit Syria Eight Years After Expulsion, *The Guardian*, 26.12.2018, https://

www.theguardian.com/world/2018/dec/26/arab-league-set-to-readmit-syria-eight-years-after-expulsion, abgerufen 22.09.2020.

55 Vgl. das Gutachten des Wissenschaftlichen Dienstes des Deutschen Bundestages, Völkerrechtliche Aspekte der türkischen Militäroperation „Friedensquelle" in Nordsyrien, 17.10.2019, https://www.bundestag.de/resource/blob/663322/fd65511209aad5c6a6eae95eb779fcba/WD-2-116-19-pdf-data.pdf, abgerufen 10.09.2020.

56 Phillips, Battle for Syria, S. 293–296.

57 Thomas Seibert, Rückzug vom Rückzug in Syrien, *Tagesspiegel*, 01.11.2019, https://www.tagesspiegel.de/politik/trumps-kehrtwende-der-rueckzug-vom-rueckzug-in-syrien/25181462.html, abgerufen 10.09.2020.

58 Maas fordert dauerhafte Waffenruhe in Idlib, *FAZ*, 29.12.2019, https://www.faz.net/aktuell/politik/inland/syrien-heiko-maas-fordert-dauerhafte-waffenruhe-in-idlib-16557126.html, abgerufen 25.08.2020.

59 Maas prangert Kriegsverbrechen in Syrien an, *Merkur*, 27.02.2020, https://www.merkur.de/politik/maas-prangert-kriegsverbrechen-in-syrien-an-zr-13563799.html, abgerufen 26.08.2020.

60 Matthias Gebauer und Christoph Schult, Auf die Weltbühne gestolpert. Kramp-Karrenbauer und die Syrien-Schutzzone, *Spiegel*, 23.10.2019, https://www.spiegel.de/politik/deutschland/syrien-schutzzone-kramp-karrenbauers-blindflug-a-1293029.html, abgerufen 27.08.2020.

61 Heiko Maas legt gegen Annegret Kramp-Karrenbauer, *Berliner Zeitung*, 05.11.2019, https://www.berliner-zeitung.de/politik-gesellschaft/heiko-maas-legt-gegen-annegret-kramp-karrenbauer-li.18313, abgerufen 24.08.2020.

62 Erdogan verkündet Angriffe auf Ziele in Nordsyrien, *zdf.de*, 29.02.2020, https://www.zdf.de/nachrichten/politik/tuerkei-syrien-chemiewaffenanlage-angriff-100.html, abgerufen 28.08.2020.

63 Außenminister sendet Appell an Staatengemeinschaft, *Zeit Online*, 11.07.2020, https://www.zeit.de/politik/ausland/2020-07/heiko-maas-syrien-kompromiss-un-sicherheitsrat-coronavirus, abgerufen 27.08.2020.

64 Helberg, Syrien-Krieg, S. 179–181.

65 Phillips, Battle for Syria, S. 279.

66 Ebd., S. 278.

67 Raymond Hinnebusch, The Battle over Syria's Reconstruction, in: *Global Policy* 11:1 (2020), S. 113–123.

68 Phillips, Battle for Syria, S. 287.

69 Zur neuen Nahostpolitik Chinas vgl. Stefan Lukas, Neue Perspektiven in Nahost – Wie Chinas Initiativen politische Verhältnisse in der Region

grundlegend verändern, in: *SIRIUS – Zeitschrift für Strategische Analysen* 3:1 (2019), S. 21–34.

70 Helberg, Syrien-Krieg, S. 175.

71 Phillips, Battle for Syria, S. 285. Eine umfassende Analyse der Herausforderungen des Wiederaufbaus für die EU liefert Muriel Asseburg, Reconstruction in Syria. Challenges and Policy Options for the EU and its Member States, SWP Research Paper 11 (2020).

72 Martin Beck und Thomas Richter, Fluctuating Regional (Dis-)Order in the Post-Arab Uprising Middle East, in: *Global Policy* 11:1 (2020), S. 68–74.

73 Florence Gaub, Libyen: Warum die NATO nicht an allem Schuld ist, in: *SIRIUS – Zeitschrift für Strategische Analysen* 1:3 (2017), S. 254–263.

74 Jeffrey Feltman, The Berlin Conference on Libya: Will Hypocrisy Undermine Results?, Brookings Institution, 21.01.2020, https://www.brookings.edu/blog/order-from-chaos/2020/01/21/the-berlin-conference-on-libya-will-hypocrisy-undermine-results/, abgerufen 16.08.2020.

75 Mirco Keilberth, Auf dem Weg zum Frieden, *Zeit Online*, 19.01.2020, https://www.zeit.de/politik/ausland/2020-01/libyen-konferenz-berlin-waffenruhe-tuerkei-russland, abgerufen 28.08.2020.

76 Alfred Hackersberger, Vincenzo Nigro und Christoph B. Schlitz, Wie Merkel in Libyen hintergangen wurde, *Welt*, 20.04.2020, https://www.welt.de/politik/ausland/plus207381485/Krieg-in-Libyen-Wie-Angela-Merkel-in-Libyen-hintergangen-wurde.html, abgerufen 26.09.2020.

77 Björn Blaschke, Was vom Waffenstillstand übrig ist, Tagesschau, 16.02.2020, https://www.tagesschau.de/ausland/libyen-situation-101.html, abgerufen 24.08.2020.

78 More Than 100 Civilians Killed in Libya Between April and June, *Al-Jazeera*, 30.07.2020, https://www.aljazeera.com/news/2020/07/100-civilians-killed-libya-april-june-200730084513487.html, abgerufen 14.08.2020.

79 Libya's Haftar Leaves Moscow Without Signing Ceasefire Agreement, *Al-Jazeera*, 14.01.2020, https://www.aljazeera.com/news/2020/01/libya-haftar-leaves-moscow-signing-ceasefire-agreement-200114064637135.html, abgerufen 22.09.2020.

80 Waffen für Libyen. Bricht die Türkei ein UN-Embargo?, *FAZ*, 25.08.2020, https://www.faz.net/aktuell/politik/ausland/waffen-fuer-libyen-bricht-die-tuerkei-ein-un-embargo-16920480.html, abgerufen 30.08.2020.

81 Alfred Hackensberger, Wo zwei der weltgrößten Armeen aufeinandertreffen könnten, *Welt*, 23.06.2020, https://www.welt.de/politik/ausland/

plus210158391/Libyen-Konflikt-Droht-ein-Krieg-zwischen-Aegypten-und-der-Tuerkei.html, abgerufen 26.09.2020.

82 Daniel-Dylan Böhmer, Alfred Hackensberger et al., Das gefährliche Spiel im Mittelmeer, *Welt*, 15.06.2020, https://www.welt.de/politik/ausland/plus209477347/Neuer-Grosskonflikt-Das-gefaehrliche-Spiel-im-Mittelmeer.html, abgerufen 20.08.2019

83 Michaël Tanchum, Turkish Military Maneuvering Pushed Italy and France to Join Forces in the Mediterranean. Now What?, *Foreign Policy*, 23.09.2020, https://foreignpolicy.com/2020/09/23/pax-mediterranea-italy-turkey-france-oil-european-union/, abgerufen 27.09.2020.

84 Deutsche Marine verhindert Verstoß gegen Waffenembargo in Libyen, *Spiegel Online*, 11.09.2020, https://www.spiegel.de/politik/ausland/libyen-bundeswehr-verhindert-verstoss-gegen-waffenembargo-a-80304e2f-e3cd-4880-9ade-a31fed0b3145, abgerufen 16.09.2020.

85 Lorenz Hemicker, Deutsche Marine stoppt Lieferung für Haftar-Rebellen, *FAZ*, 11.09.2020, https://www.faz.net/aktuell/politik/ausland/libyen-deutsche-marine-stoppt-lieferung-fuer-haftar-rebellen-16948197.html, abgerufen 16.09.2020.

86 Susanne Güsten, Türkei stoppt Kontrolle der Bundeswehr im Mittelmeer, *Tagesspiegel*, https://www.tagesspiegel.de/politik/verdacht-auf-waffenschmuggel-tuerkei-stoppt-kontrolle-der-bundeswehr-im-mittelmeer/26651340.html, abgerufen 08.12.2020.

87 Daniel-Dylan Böhmer, Eine Waffenruhe und extreme Gefahren, *Welt*, 22.08.2020, https://www.welt.de/politik/ausland/plus214050968/Libyen-Eine-Waffenruhe-und-extreme-Gefahren.html, abgerufen 24.08.2020.

88 Maas warnt vor militärischer Eskalation, *Tagesschau.de*, 17.08.2020, https://www.tagesschau.de/ausland/maas-libyen-105.html, abgerufen 24.08.2020.

89 Alfred Hackensberger, Erdogan hat Europa jetzt genau da, wo er will, *Welt*, 26.09.2020, https://www.welt.de/politik/ausland/plus216588370/Tuerkei-Erdogan-hat-Europa-jetzt-genau-da-wo-er-will.html, abgerufen 28.09.2020.

90 Alfred Hackensberger, Erdogans neuer Krieg, *Welt*, 27.09.2020, https://www.welt.de/politik/ausland/plus216697720/Berg-Karabach-Erdogans-neuer-Krieg.html, abgerufen 28.09.2020.

91 Helberg, Syrien-Krieg, S. 209.

7. Fazit: Blutige Enthaltung und gute Absichten

1 Zu den gleichen Schlüssen kommen Maier und Schmidt-Feuerheerd, Germany's Foreign, S. 27.

2 Ulrich Schlie, Deutsche Sicherheitspolitik seit 1990: Auf der Suche nach einer Strategie, in: *SIRIUS – Zeitschrift für Strategische Analysen* 4:3 (2020), S. 304–314.

3 Richard Herzinger, Das gefährliche Problem der deutschen Außenpolitik, *Welt*, 27.12.2015, https://www.welt.de/politik/deutschland/article150198763/Das-gefaehrliche-Problem-der-deutschen-Aussenpolitik.html, abgerufen 24.01.2020.

4 Vgl. hierzu ausführlich Eliot Cohen, The „Big Stick". The Limits of Soft Power and the Necessity of Military Force, New York 2017.

5 Gotkowska und Frymark, Germany's Engagement, S. 4f.

6 Sons, Auf Sand, S. 199f.

7 Kornelius, Merkel, S. 260.

8 Vgl. hierzu die Ideen in Helberg, Syrien-Krieg, S. 230–240.

9 Gerhard Conrad, Warum wir einen Nationalen Sicherheitsrat brauchen, *Welt*, 26.11.2019, https://www.welt.de/debatte/kommentare/article203779476/Sicherheitspolitik-Warum-wir-einen-Nationalen-Sicherheitsrat-brauchen.html, abgerufen 14.09.2020; vgl. auch Tobias Bunde et al., Zeitenwende | Wendezeiten. Sonderausgabe des Munich Security Report zur deutschen Außen- und Sicherheitspolitik, S. 157–159, https://securityconference.org/assets/01_Bilder_Inhalte/03_Medien/02_Publikationen/MSC_Germany_Report_10-2020_De.pdf, abgerufen 28.12.2020.

10 James D. Bindenagel und Philip A. Ackermann, Deutschland strategiefähiger machen. Ein Sachverständigenrat für strategische Vorausschau ist nötig, in: *SIRIUS – Zeitschrift für strategische Analysen* 2:3 (2018), S. 253–260.

11 Richard Herzinger, Das gefährliche Problem der deutschen Außenpolitik, *Welt*, 27.12.2015, https://www.welt.de/politik/deutschland/article150198763/Das-gefaehrliche-Problem-der-deutschen-Aussenpolitik.html, abgerufen 24.01.2020.

12 Jan Techau, Mehr Ambitionen wagen. Was Deutschland wollen darf und können muss, in: *Internationale Politik* 4 (2017), S. 24–29.

13 Maier und Schmidt-Feuerheerd, Germany's Foreign, S. 28. Zur Diskrepanz zwischen Reden und Tun siehe insbesondere Josef Joffe, Der gute Deutsche. Die Karriere einer moralischen Supermacht, München 2018.

14 Michael Wolffsohn, Die deutsche Außenpolitik – Ein Fiasko, *Handelsblatt*, 04.01.2018, http://www.handelsblatt.com/meinung/gastbeitraege/

gastbeitrag-von-michael-wolffsohn-die-deutsche-aussenpolitik-ein-fiasko/20812266-all.html, abgerufen 13.02.2020.

15 Fröhlich, Ende der Selbstfesselung, S. 154.

16 Matthias Matthijs, The Three Faces of German Leadership, in: *Survival* 58:2 (2016), S. 135–154, zitiert auf S. 151.

17 Christine Dankbar, Heiko Maas. „Er brennt für nichts", *Berliner Zeitung*, 12.09.2020, https://www.berliner-zeitung.de/politik-gesellschaft/er-brennt-fuer-nichts-li.104573, abgerufen 14.09.2020.

18 Gabriel, Zeitenwende, S. 189f.

19 Deutscher Bundestag, 7. Wahlperiode, Plenarprotokoll, 28.03.1974, S. 6095.

20 Martin Jäger, Deutschland sollte interventionsfähig sein, *FAZ*, 06.09.2020, https://www.faz.net/aktuell/politik/inland/deutschland-sollte-interventionsfaehig-sein-neue-strategische-lage-16938806.html, abgerufen 20.09.2020.

21 Vgl. hierzu Almut Wieland-Karimi, Ehrlichkeit ist gefragt, *SZ*, 04.02.2018, http://www.sueddeutsche.de/politik/aussenansicht-ehrlichkeit-ist-gefragt-1.3853094, abgerufen 13.07.2020.

22 Bunde, Zeitenwende | Wendezeiten, S. 159.

23 Matthias Kolb, Die USA sollen es für die NATO richten, *SZ*, 10.02.2020, https://www.sueddeutsche.de/politik/nato-pew-umfrage-usa-russland-1.4790618, abgerufen 28.10.2020.

24 Nur 17 Prozent der Deutschen für Unterstützung der USA bei Konflikt mit China, *Welt*, 10.01.2021, https://www.welt.de/politik/deutschland/article224044718/Wunsch-nach-Neutralitaet-Nur-17-Prozent-der-Deutschen-fuer-Unterstuetzung-der-USA-bei-Konflikt-mit-China.html, abgerufen 10.01.2021.

25 Von Marschall, Welt, S. 144.

Über die Autoren

Sönke Neitzel, geb. 1968, ist seit 2015 Lehrstuhlinhaber für Militärgeschichte/Kulturgeschichte der Gewalt am Historischen Institut der Universität Potsdam. Zuletzt erschien von ihm »Deutsche Krieger. Vom Kaiserreich zur Berliner Republik – eine Militärgeschichte« (2020).

Bastian Matteo Scianna, geb. 1987, ist seit 2016 wissenschaftlicher Mitarbeiter am Historischen Institut der Universität Potsdam. Er lehrt und forscht über die Konflikte im Nahen Osten und verfasst seine Habilitationsschrift über die Geschichte des Schengener Abkommens.